AF314981

CATALOGUE

Meubles anciens.

1. **Bel ameublement Louis XIV** composé d'un **grand canapé** et de **huit grands fauteuils,** à croisillons en bois sculpté, recouvert de damas de soie jaune : le tout ancien et en très bon état. Les bois de ce meuble de leur couleur naturelle sont entièrement recouverts d'un **riche et excellent travail de sculpture d'ornements.**

2. Meuble de salon composé d'un canapé et de **treize fauteuils Louis XV** anciens et de jolie forme en noyer sculpté. Ce meuble est recouvert de broderie au point, rayures bleu et blanc à fleurs.

3. **Magnifique console Louis XIV** en bois sculpté et doré avec un beau marbre de **brèche violette,** — 181 cent. sur 78 c., — ancienne et en bon état.

4. **Grande glace Louis XVI** en bois sculpté et doré. — Fronton à nœud et guirlande retombante. Le verre en 3 pièces. Ancienne et en bon état. — Haut. 270 c.

5. **Grande glace Louis XVI** en bois sculpté et doré, fronton à nœud et guirlandes retombantes. Le verre est en 3 pièces. Ancienne et en bon état. — Haut. 270 c.

6. **Très belle glace Louis XV** en bois sculpté et doré. Belle sculpture du meilleur goût, ancienne et en bon état. Le verre est en 2 pièces. — Haut. 222 c.

7. **Grande et belle glace Louis XV** en bois sculpté et doré. Fleurs et rinceaux entrelacés. Verre en 2 pièces. Ancienne et en bon état. — Haut. 233 c.

8. **Grande et belle glace Régence** en bois sculpté et doré, fronton à coquilles et légèrement cintré, ancienne et en bon état. Verre en 6 pièces. — Haut. 240 c.

9. Meuble vitrine à 2 portes, de l'époque de Louis XV,
plaqué en bois de rose — et décoré de bronzes dorés. —
Dessus de marbre. — Haut. 145 c. sur 87.

10. Meuble vitrine à 2 portes, de l'époque Louis XV, plaqué
en bois de rose et marqueté de fleurs et décoré de
bronzes dorés. Dessus de marbre. — Haut. 145 c. sur 87.

10 *bis*. Pendule Boule Louis XIV forme violon en écaille
marquetée et décorée de bronzes dorés. — Le mouve-
ment carré et le cadran à heures émaillées portent le
nom de Pierre-le-Roy à Paris. — Haut. 67 c., sans le
cul-de-lampe.

11. Semainier Louis XIV en bois noir et doré. Beau meuble
monté sur pieds à balustres.

12 Meuble de salon composé de dix fauteuils en acajou
sculpté recouverts d'une broderie au point en soie de
fleurs et oiseaux (1840). — Bonnes pièces.

13. Petit meuble à deux corps et à retrait de l'époque de
Henri II. Les quatre portes et les deux tiroirs sont **mar-
quetés** en **bois** de personnages entourés de tiges fleu-
ries en rinceaux de beau style. — Bon meuble rare et en
bon état. — Haut. 186 c. sur 112.

14. Table à toilette Louis XVI entièrement plaquée et marquetée en bois de rose dedans et dehors. — Jolie pièce
qui a besoin de restauration pour en faire un joli meuble.
— Elle contient 3 petits pots en porcelaine de **Locré**.

15. Grand secrétaire Louis XVI, marqueterie en bois de
couleur.

15 *bis*. Pendule en cuivre doré (1815) : Jeune femme vêtue
d'une longue tunique découvre un Amour dans une corbeille de rose. Près de la borne contenant le cadran est
un trépied allumé.

16. Meuble Louis XIV à 2 corps droits à 4 portes et
2 tiroirs en noyer ciré. — Largeur 122 c.

17. Meuble à 2 corps droits en noyer, de l'époque

Louis XIII, à 4 vantaux et 2 tiroirs. Demi-colonnes torses. — Largeur, 140 c.

18. Commode ancienne Louis XIV à 3 tiroirs avec poignées en cuivre.

19. Jolie commode en acajou (1820) avec dessus de marbre gris Sainte-Anne et très jolies poignées de bronze doré aux trois tiroirs.

20. Deux grandes encoignures en bois verni, époque Louis XIV.

21. Table Louis XIII à 6 pieds, à balustres mélangés de torse — dont 2 sur les croisillons. — Jolie pièce laquée noir et or.

22. 2 bons fauteuils Louis XV recouverts avec broderie de soie au gros point, dessin à fleurs d'une époque plus récente.

23. Une chaise longue Louis XIV en 2 pièces recouverte à neuf de coutil rayé.

24. Fauteuil Louis XVI en bois tourné à fuseaux recouvert d'une tapisserie gros point à bandes vert et blanc. (Défectueux).

25. 2 fauteuils acajou recouverts d'une tapisserie soie au point, — fleurs et oiseaux.

26. 2 chaises Louis XV recouvertes de broderie laine au point.

27. Chauffeuse noyer recouverte d'une tapisserie laine au point à fleurs.

28. Chaise en bois sculpté et marqueté, — travail suisse moderne.

29. Garde-robe Louis XIV en noyer.

30. Baldaquin de lit en belle soie ancienne Louis XIII, long de 6 mètres environ, composé de morceaux de la largeur du lé de deux dessins et couleurs différentes — bleu sur fond blanc et blanc sur fond rouge.

31. Baldaquin de lit en ancien damas de soie, grands dessins rouges sur fond jaune et bleu sur fond jaune. Longueur environ 3 mètres.

32. Couverture de lit en ancienne étoffe de soie jaune unie, piquée d'un dessin à grand effet.

33. 7 coussins pour 3 fauteuils et 4 chaises, en broderie au gros point, rayée vert et blanc à fleurs, garnis de crin.

34. 16 coussins en point de **Hongrie** en mauvais état pour 8 fauteuils et 8 chaises, garnis en crin.

35. Un fort lot d'étoffes damas de soie rouge ancienne en mauvais état.

36. Plusieurs grandes **baguettes** en bois sculpté d'un beau dessin **Louis XVI** ; environ **36** mètres sur une largeur de 0 m. 07. — Elles sont d'un dessin uniforme, en bon état, vernies blanc et anciennes.

37. 4 anciens panaches de ciel de lit, en forme de balustre, recouverts en étoffe de soie bleu pâle surmontés d'un pompon de soie (XVIIᵉ siècle).

38. 2 anciens panaches de ciel de lit en forme de balustre recouverts de velours rouge de l'époque Louis XIV.

38 *bis*. Surtout de table Louis XIV, composé de 5 pièces indépendantes en bois sculpté et autrefois argenté. — La pièce du milieu, octogone allongé, décorée de cariarides, consoles et mascarons d'un bon style, montée sur 8 pieds, a 47 c de long. — Deux autres pièces aussi octogones allongés ont un décor analogue et 31 c. de long. — Deux autres pièces octogones même décor ont 20 c. de diamètre. Curieuses et rares pièces anciennes.

39. Petit lit Louis XVI à colonnettes peint en blanc.
40. Joli coffret Louis XVI en bois de violette marquetée, ayant contenu des flacons de toilette.

41. Cadre de glace en loupe de noyer avec fronton de l'époque Louis XIII, décoré d'estampages en cuivre (Il manque quelques pièces). — Dim. 110 c. sur 73.

42. Petite glace Louis XIV à fronton en bois sculpté et doré.

43. Petite glace Louis XIV à fronton en bois sculpté et doré.

44. Petite glace Louis XIV sans fronton, bois sculpté dédoré.

45. Petit cadre ancien Louis XIV en bois sculpté et doré. — Dim. 54 c. sur 44.

46. Deux cadres italiens xviie s. en bois gravé et doré.

47. 4 Demi-pièces tournées torses pour appliques de meubles.

48. Chaise à porteur Louis XV de jolie forme munie de ses brancards peinte en vert et or (manque de conservation).

49. Table à jeu Louis XIV en noyer, à pieds de biche sculptés de coquilles.

50. Table à jeu Louis XIV en noyer à pieds de biche, sculptés de coquilles.

51. Petite table à jeu Louis XV à pieds de biche, recouverte de drap à fleurs de lys rouge.

52. Table à jeu à pieds de biche Louis XV, sculptée à coquilles et recouverte de drap.

53. Table à pieds de biche unis recouverte d'un drap vert.

54. Table ancienne à pieds de biche unis, le plateau est en sapin.

55. Table Louis XIII à balustre et à croisillons, en noyer ciré.

56. Table longue Louis XIV à pieds tournés en balustre.

57. Petite table Louis XIII jolie, en poirier noirci, à pieds tournés en balustre et à croisillons.

58. Petite table Louis XIII en noyer à pieds torses et à croisillons.

59. Table Louis XIII en noyer à pieds torses et à croisillons.

60. Table Louis XIII, en noyer à pieds tournés à boulets et à croisillons.

61. Table Louis XIII en noyer à pieds tournés en balustre et croisillons.

62. Table Louis XIII en noyer à pieds tournés en balustre et à croisillons.

63. Petite table à balustre Louis XIII (restaurée).

64. Petite table Louis XV en bois noirci.

65. Petite table montée sur un pied tourné Louis XIII.

66. Table à jeu, pliante, en poirier.

67. Ecran **Louis XIV**, en noyer, à colonnettes, dont la feuille est une **broderie** du temps au point et à personnages.

68. Ecran en noyer **Louis XV** à pupitre. La feuille est recouverte de damas soie de l'époque.

69. Petit écran **Louis XV**, avec pupitre, en bois verni. La feuille est recouverte d'une gravure du temps.

69 *bis*. 3 surtouts de table Louis XIV en bronze, autrefois argentés, garnis de leurs glaces de 70, 65 et 52 c. de longueur. — Celui de 65 c, n'a pas de pieds.

Bronzes d'art (argent doré. cuivre) et d'ameublement anciens et modernes.

70. Aiguière et son bassin en **argent fondu, ciselé et doré** (1810). L'aiguière, dont l'anse est formée d'une Victoire ailée, est ornée, sur la panse, de têtes de fleuves en relief. — Les deux pièces sont gravées d'un ornement courant en tige de laurier : le tout d'un beau travail. — Poids 2,040 grammes.

71. Belle paire d'appliques à deux branches **Louis XIV** en bronze ciselé et doré. — Hauteur 44 c.

72. Les chevaux de **Marly**. Deux groupes en bronze, rédaction grand modèle. — Hauteur 60 c.

73. Diane chasseresse de **Houdon**, réduction en bronze, sur socle de bois vernis noir. — Hauteur 60 c.

74. Vase en **bronze vert** avec anses et sur la panse duquel se développe une bacchanale. — Réduction aux 2/5 d'après le marbre antique du musée britannique (Barbedienne). — Hauteur 38 c.

75. **Jason**. Statuette de bronze. — Hauteur 40 c.

76. Paire de chenets anciens, **Louis XV**, en bronze doré, en bon état.

Porcelaines tendres et dures et faïences de diverses époques.

77. Très belle écuelle couverte et son plateau, en ancienne porcelaine de **Sèvres, pâte tendre** (avant 1753). — Sur un fond bleu de roi, orné d'arabesques d'or se détachent, dans des réserves, 6 paysages peints par le décorateur **Bouchet.** — Très belle qualité.

78. 2 très jolies petites tasses, droites avec leurs soucoupes en ancienne porcelaine de **Sèvres, pâte tendre** (avant 1753). Décors d'oiseaux dans des réserves, en blanc sur un fond bleu turquoise.

79. Belle écuelle couverte à anses et son dessous en ancienne porcelaine de **Sèvres, pâte tendre** (1766), décors à fleurs.

80. Tasse et sa soucoupe en ancienne porcelaine de **Sèvres, pâte tendre** (1759), décors à fleurs sur fond blanc.

81. Petite tasse sans anses, en ancienne porcelaine de **Sèvres**, pâte tendre (1768), décors à fleurs.

82 Urinoir en ancienne porcelaine de **Sèvres**, pâte dure, décors de fleurs.

83. Pot à lait en ancien **Chantilly, porcelaine tendre**, émaillé et décoré de fleurs dans le **style chinois**. (Jolie pièce).

84. Petit pot à couvercle, en pâte **tendre** de **Chantilly**, émaillé et décoré de fleurs,

85. Petit pot à poudre, avec son couvercle en **pâte tendre** de **Chantilly**, émaillé et décoré de fleurs.

85 *bis*. 2 Assiettes à bord découpés en ancienne pâte tendre de Chantilly, décor bleu.

86. 7 pots à crème avec couvercles en ancienne **porcelaine tendre** de **Tournay**, décor bleu sur fond blanc, style chinois (jolies pièces).

87. Sucrier en ancienne **pâte tendre** de **Saint-Cloud**, décoré d'ornements en relief et de dessins style rouennais en bleu.

88. 2 petits pots à fard, avec leurs couvercles, en ancienne **pâte tendre** de **Saint-Cloud**, décor bleu.

89. Petit pot en **pâte tendre**, décor bleu sur un fond blanc guilloché de godrons.

90. Très belle tasse et sa souconpe en porcelaine de **Sèvres** (1819), ornée d'un portrait **Philibert Delorme** peint en miniature. Pièce remarquable entièrement decorée de rinceaux en or mat sur or bruni.

91. Petite coupe ronde à pied et à anses avec son plateau en porcelaine dure de **Sèvres** (1814). Décors d'ors à reliefs, sur fond gros vert. Les bords des deux pièces sont incrustés de cabochons de diverses couleurs qui font relief des deux côtés.

92. Service à café Louis XVI composé de deux cafetières, sucrier, pot à lait et 6 tasses avec soucoupes en ancienne porcelaine dure des frères **Robert de Marseille**. — Décors rubans et fleurs. — Dix pièces.

93. Légumier Louis XVI, couvert et son dessous en ancienne porcelaine dure des frères **Robert de Marseille**. — Décors fleurs et rubans.

94. Deux belles saucières en ancienne porcelaine de **Robert de Marseille**, décorées de guirlandes de fleurs. L'une en bon état, l'autre fracturée. Ce lot pourra se diviser.

95. Joli tête-à-tête en porcelaine de **Locré** composé d'une

cafetière, sucrier et deux tasses coniques et soucoupes décorés de rubans verts et bleus entrelacés.

96. Petit sucrier couvert, en porcelaine de **Locré**, décoré d'une Diane chasseresse.

97. Petite cafetière couverte en porcelaine dure de Paris (**Comte d'Artois**), décors d'œil de perdrix, sur fond vert pomme et fleurs dans des réserves à fond blanc.

98. Légumier couvert et son dessous en porcelaine de la **Courtille**, décor fleurs et or.

99. Soucoupe de trembleuse en ancienne porcelaine décorée de petits sujets Louis XV à personnage et de guirlande d'or, jolie pièce complétée par une tasse conique à fleurs d'une fabrique différente.

100. Joli moutardier en porcelaine de **Locré**, décors à fleurs.

101. 4 pièces porcelaine de **Locré** décor bleu : soit une tasse à soucoupe et 3 pots dont un à couvercle.

102. Deux cachepots en porcelaine dure de Paris (**rue Thiroux**) décorée de fleurs sur fond blanc.

103. Joli sucrier couvert à 2 anses et 4 pieds en porcelaine de **Clignancourt** orné d'un chiffre couronné de roses et ornements dorés.

104. Salière double en porcelaine dure de **Clignancourt**, décoré de filets et d'une initiale en or et couleur, ébréchée.

105. Joli pot à lait porcelaine à fond blanc décors à barbeaux, (**Boissette-sur-Melun**).

106. Urinoir en porcelaine de **Locré**, décors à barbeaux.

107. Urinoir en porcelaine de **Nast**, décors à fleurs.

108. Grande tasse conique, à une anse et à couvercle, décorée en bleu, sous-couverte marquée dans la pâte, au nom de **Douillet** (?).

109. Deux jolies tasses évasées, en ancienne porcelaine,

dure, décorées de personnages de style chinois, noir et or. Curieuses pièces (?).

110. Petite casserole couverte, en porcelaine dure, décors à fleurs.

111. Petite casserole couverte, en porcelaine dure, décors à fleurs.

112. 46 assiettes à bords découpés, en ancienne faïence blanche, terre de **Lorraine** (**Toul** ou **Lunéville**) décorées d'un double filet d'or en bordure. — Jolies pièces d'un bel émail. — Ce lot pourra se diviser.

113. Cafetière à 3 pieds et couvercle, et deux saucières en faïence blanche émaillée et décorée d'ornements dorés. **Lunéville** ou **Toul**.

114. 30 assiettes creuses, lobées et rondes, à bords découpés, en ancienne faïence blanche, de **Lunéville** ou **Toul**, décorée d'un double filet d'or en bordure. — Très jolies pièces d'un bel émail. — 4 autres fracturées. — Ce lot pourra se diviser.

115 Jolie tasse en cailloutage anglais de **Wedgwodd**, décorée de scènes chinoises dans des réserves blanches, sur un fond d'arabesques vert d'eau (rare).

116. Bol en pâte tendre, de la fabrique de **Worcester**. Décors à fleurs, en camaïeu bleu, obtenu par impression sur biscuit (rare).

117. Très jolie tasse cylindrique, avec soucoupe en ancienne porcelaine de **Vienne**, décorée d'un bandeau brun, avec guirlandes vertes, sur un fond blanc, semé d'étoiles d'or.

118. Jolie tasse cylindrique et soucoupe en ancienne porcelaine de **Vienne**, décors à rubans, sur fond blanc, semé d'étoiles.

119. Sucrier en ancienne porcelaine de **Vienne**, décors à fleurs.

120. Tasse et sa soucoupe en ancienne porcelaine de **Vienne**, décorée de paysages en camaïeu noir.

121. Petite cafetière et sucrier en porcelaine de la fabrique impériale de **Vienne**, décorés de fleurs d'une belle exécution.

122. Petite cafetière couverte en porcelaine de la fabrique impériale de **Vienne**, décorée de fleurs en camaïeu violet. — Très belle qualité.

123. 12 tasses trembleuses de forme campanulée et soucoupes de la fabrique impériale de **Vienne**, décorées de fleurs d'une très belle exécution. — Une soucoupe en plus.

124. Une cafetière et 6 tasses et soucoupes en porcelaine de la fabrique impériale de **Vienne**, décorées de fleurs et insectes. — (L'une des soucoupes est de Zurich).

125. 28 tasses et 26 soucoupes en belle porcelaine impériale de **Vienne**, décorée de fleurs d'une très belle exécution.

126. Jolie tasse couverte et soucoupe en porcelaine royale de **Berlin** (1830), décors à fleurs en camaïeu violet.

127. Jolie tasse couverte trembleuse et soucoupe en porcelaine royale de **Berlin** (1830), décors à fleurs.

128. Petite aiguière et son bassin en porcelaine de **Saxe**, décorés de tiges de myosotis en relief.

129. Urinoir en ancienne porcelaine. Saxe (?) Décors à fleurs.

130. Tasse et soucoupe en porcelaine (**Saxe Marcolini**), rayées bleu et blanc.

131. 2 soucoupes en ancien **Saxe Marcolini**, décors à fleurs grisaille et or, et 2 tasses Saxe moderne pour compléter (même décor).

132. Sucrier en porcelaine de **Saxe** moderne, et jolie soucoupe porcelaine dure, d'une autre fabrique allemande (?).

133. Très jolie tasse dite trembleuse, à une seule anse et sa soucoupe en ancienne porcelaine de **Saxe**. Décors de fleurs et rinceaux de diverses couleurs.

134. Petite casserole couverte, en ancienne porcelaine dure de **Louisbourg**. Décors à barbeaux.

135. Jolie tasse en ancienne porcelaine dure allemande (**Nassau**), décorée de médaillons d'Amours, en grisaille sur fond rose rayé. — Belle époque Louis XVI.

136. 10 petites tasses et leurs soucoupes en porcelaine de **Saxe** à fond jaune, décors de paysage en camaïeu rose.

137. 2 très belles potiches couvertes en porcelaine de **Saxe** à fond jaune avec des sujets d'après **Boucher**, peints en carmin dans des réserves blanches. Bonnes pièces. — Haut. 35.

138. Service composé de 48 assiettes et 4 jattes porcelaine de **Saxe** moderne avec un riche décor à fleurs. On peut y joindre 3 sucriers d'un décor un peu différent, soit 55 pièces.

139. 2 casseroles à couvercle en porcelaine dure, décorées de fleurs.

140. Pot à eau et sa cuvette en porcelaine, genre Saxe, décor à fleurs. Restauré.

141. Sucrier couvert et son dessous en porcelaine moderne, décoré de fleurs en reliefs et peintes.

142. 2 tasses cylindriques avec soucoupes en porcelaine décorée de fleurs et oiseaux.

143. 2 grands vases forme balustre en porcelaine moderne, décorés d'une large ceinture peinte de fleurs d'églantiers sur fond bleu céleste. — Haut. 47 c.

144. 18 tasses à café et soucoupes porcelaine fine et mince, décors à fleurs sur fond blanc (Limoges).

145. 25 tasses à café et 26 soucoupes porcelaine fine et mince, décors à barbeaux.

146. Encrier en porcelaine moderne, décor rouge, style Pompeï, et orné d'un buste en biscuit.

147. 2 grandes et belles potiches en porcelaine de **Chine**, décorées de personnages en reliefs (scène familière), sur un fond rose pâle (belle qualité), socles en bois noir. — Haut. 60 c.

148. 2 potiches en porcelaine de **Chine**, craquelée, de forme balustre à cols évasés, décorées de zones bronzées.

149. 2 lampes à huile en bronze doré, montées sur des vases en porcelaine de **Chine**, décorés d'ornements à fleurs sur fond rouge de fer. — Hauteur totale 67 c.

150. Grand plat circulaire en **Japon** bleu, décor formé de cigogne dans des cercles. Restauré.

151. 8 assiettes en vieux **Chine** de la famille rose à bords bruns émaillés, et en japon bleu.

152. 106 assiettes plates ou creuses en vieux **Chine** bleu de dessins différents, beaucoup à bords bruns. — Ce lot pourra se diviser.

153. Tasse et sa soucoupe en porcelaine de **Chine**, décors à fleurs style européen.

154. 6 tasses et soucoupes porcelaine de **Chine**, décor bleu.

155. Jeu de 5 pots à couvercle en ancienne porcelaine de **Chine**, décorée de mandarins émaillés et d'inscriptions.

156. Jeu de 4 bols porcelaine de **Chine** moderne, bleue.

157. 5 petites pièces porcelaine de **Chine**, tasses et soucoupes et théières.

158. Corbeille à 8 pans, en ancienne faïence de **Nevers**, décorée d'un paysage et d'une imitation de treillis à l'extérieur.

159. 2 corbeilles ovales en ancienne faïence émaillée et ajourée en imitation vannerie, l'une de **Marseille** à fleurs, très restaurée, l'autre blanche.

160. 3 plats dont 2 ronds et 1 ovale anciens en cailloutage blanc, imitation de vannerie ajourée.

161. Jolie corbeille ancienne ovale en cailloutage recouvert d'un bel émail blanc, imitation de vannerie ajourée.

162. 2 jolies corbeilles anciennes ovales en cailloutage, recouvert d'un bel émail blanc, imitation de vannerie ajourée.

163. Deux corbeilles anciennes, rondes, en cailloutage blanc imitation de vannerie non ajourée.

164. Deux corbeilles anciennes ovales, imitation de vannerie ajourée en cailloutage blanc.

165. 3 cuvettes (bidets), en faïence ancienne, décor rouennais bleu.

166. Corbeille à jour en faïence de **Nevers** décorée de bouquets bleus et anses en torsade.

167. Corbeille ovale en cailloutage (imitation de l'osier), fabrique d'**Avignon**.

168. Ravier en ancienne faïence. — Décor à fleurs.

169. Ravier en ancienne faïence blanche.

170. Huilier complet en faïence de **Nevers**, décor rouennais bleu.

171. 3 assiettes en faïence décorées d'ornements en relief, de fleurs et d'armoiries. — Fabrique moderne.

171 *bis*. Sous ce n° seront vendus 21 compotiers à pieds en verrerie ancienne du XVIII° siècle incolore et à plateau plat et circulaire depuis 9 c. jusqu'à 36 c. de diamètre.

Peinture. — Tableaux. — Portraits anciens et modernes.

172. **Grand et magnifique portrait en pied de Charles X** en manteau de cour, réduction de l'œuvre du **Baron Gérard** et sortant de son atelier. — Cadre doré surmonté d'une couronne et des armes royales. — Dim. 160 c. sur 115.

173. **Portrait en pied de Charles X** roi de France, revêtu du manteau royal. — Bonne peinture sur toile dans un cadre doré. — Dim. 75 c. sur 54.

174. **Caroline, reine des Deux-Siciles**, duchesse de

Berry (1825). — Peint à l'huile sur toile, cadre doré. — Dim. 60 c. sur 60.

175. **Portrait du duc de Bourgogne,** peinture sur toile dans un cadre bois doré (XVIIe siècle). — Dim. 72 c. sur 65.

176. **Portrait de Louis XIV,** peinture du temps en buste grandeur nature dans un bon cadre ancien de même époque en bois sculpté et doré. — Haut. 72 c. sur 68.

177. Portrait d'un **roi de Pologne** (XVIIIe siècle), sur toile cadre doré. — Dim. 89 c. sur 72.

178. Portrait de femme du temps de Louis XIV dans un cadre ovale en bois doré.

179. Portrait d'une princesse de la **maison de Savoie** dans un ancien cadre ovale Louis XIV, en bois sculpté et doré.

180. Portrait d'un prince de la **Maison de Savoie,** dans un cadre ovale doré.

181. Portrait de femme de l'époque Louis XIV, dans un cadre doré.

182. Portrait de femme de l'époque Louis XIV, peinture sur toile dans un cadre doré.

183. Portrait de femme de l'époque Louis XIV, peinture sur toile, cadre doré.

184. Portrait de **Jacques III** Stuart d'Ecosse, peinture sur toile, dans un cadre en bois sculpté et doré. — Dim. 79 c. sur 63 c.

185. Princesse de la Cour de Louis XIV, peinture dans un cadre ovale, en bois sculpté et doré.

186. Princesse de la Cour de Louis XIV, peinture dans un cadre ovale en bois sculpté et doré.

187. **Portrait de Louis XIV,** peinture ovale, dans un cadre en bois sculpté et doré.

188. **Portrait de Louis XVIII,** peinture sur toile dans un cadre doré. — Dim. 70 sur 59.

189. Portrait de la duchesse de Bourgogne, peinture ovale dans un cadre, en bois sculpté et doré.

190. **Portrait du duc de Berry**, peinture de forme ovale dans un cadre, en bois sculpté et doré.

191. Portrait (?). — Ancienne peinture dans un cadre doré. — Dim. 63 sur 52.

192. Portrait de **Louis, dauphin (1728-1765)**, copie moderne dans un cadre doré.

193. Portrait de Marie-Josephe de Saxe, dauphine, copie moderne dans un cadre doré. — Dim. 53 c. sur 44.

194. **Portrait de Marie Leckzinska**, très bonne peinture, bien conservée, dans une baguette ancienne en bois doré. — Dim. 74 c. sur 1 m.

195. **Portrait du duc de Berry**, frère du duc de Bourgogne, ancienne peinture ovale sur toile, dans un cadre doré.

196. **Portrait de Mme de Maintenon**, peinture ovale, sur toile cadre doré.

197. Portrait de Dame de la Cour de Louis XIV, peinture ovale sur toile cadre doré.

198. **Portrait de Louis XIV**, ancienne peinture dans un cadre en bois sculpté et doré.

199. **Le duc de Bourgogne**, ancienne peinture ovale, dans un cadre en bois sculpté et doré.

200. **La duchesse de Bourgogne**, portrait ovale, ancienne peinture dans un cadre en bois sculpté et doré.

201. Portrait Mlle de **Montpensier** en Bellone, ancienne peinture sur toile cadre doré.

202. Portrait ovale du **Grand Dauphin**, ancienne peinture dans un cadre de bois sculpté et doré.

203. Portrait ovale de la **princesse de Conti**, ancienne peinture sur toile dans un cadre en bois sculpté et doré.

204. Portrait du pape **Pie VI**, peinture sur toile dans un cadre doré. — Dim. 90 c. sur 70.

205. Portrait du pape **Clément XIV**, ancienne peinture sur toile dans un cadre doré. — Dim. 90 c. sur 70.

206. Bon portrait ancien de **saint François de Sales**, peinture sur toile, dans un cadre Louis XIV, en bois sculpté et doré. — Dim. 82 c. sur 66.

207. Portrait du pape **Pie VII**, copié d'après Gérard, peinture sur toile dans un cadre doré. — Dim. 65 sur 50.

208. Portrait de **Charles VII**, roi de France, ancienne peinture du xve siècle, sur panneau, cadre noir et or. — Dim. 34 c. sur 42.

209. **Portrait d'Henri IV**, curieux portrait du temps, peint sur bois dans un cadre en bois sculpté et doré. Bonne pièce. — Dim. 25 c. sur 20.

210. Portrait de **François 1er**, bonne copie sur toile d'une ancienne peinture dans un cadre moderne noir et or. — Dim. 88 c. sur 108.

211. La Peinture, allégorie à 3 personnages, dessus de porte Louis XV, peint sur toile dans une baguette ancienne en bois sculpté et doré. — Dim. 86 c. sur 70.

212. Le Dessin, allégorie à 3 personnages, dessus de porte Louis XV, peint sur toile dans une baguette de bois noir et or. — Dim. 72 c. sur 60.

213. Nymphe couronnée de fleurs, bonne peinture du xviie siècle, sans cadre. — Dim. 40 c. sur 32.

214. Le temple de la Sybille, étude peinte de **Ponthus-Cinier**, cadre doré. — Dim. 29 c. sur 22.

215. Vue d'Olevano, peinture sur bois de **Rival**, de Genève, cadre doré. — Dim. 27 c. sur 23.

216. **Fleury**. — Galerie renfermant un tombeau antique. Peinture de l'Ecole de Lyon, dans un cadre doré. — Dim. 37 c. sur 45.

217. **Parrocel**. — Combat de cavalerie, peinture sur toile dans un cadre en bois sculpté et doré. — Dim. 43 c. sur 28.

218. Petit paysage de **Ponthus-Cinier**. Le temple de Vesta à Rome, dans un cadre doré.

219. Paysage italien : ruines romaines, peint sur toile dans un cadre en bois sculpté et doré. — Dim. 30 c. sur 22.

220. **Corneille Du Sart**. — Scène de fumeurs, peinte sur bois dans un cadre en bois sculpté et doré. — Dim. 24 c. sur 16.

221. **Hubert-Robert**. — Paysage et ruines, vue prise en Italie, peinture sur toile dans un cadre doré. — Dim. 41 c. sur 30.

222. **Hubert-Robert** (?). — Petit paysage ovale, peint sur bois dans un cadre en bois doré. — Dim. 20 c. sur 14.

223. Saint Pierre assis sur des nuages, peinture du XVIIe siècle, dans un cadre ancien en bois sculpté. — Dim. 70 c. sur 55.

224. Tête d'évêque coiffé de la mitre, peinture ovale du XVIIIe siècle. Cadre doré. — Dim. Haut. 66 c.

225. Mariage mystique de sainte Catherine, copie moderne du **Corrège**. Cadre doré. — Dim. 1 m. carré.

226. La Vierge et l'Enfant-Jésus, peinture sur toile, dans un cadre ancien en bois sculpté et doré Louis XIV. — Dim. 60 c. sur 48.

227. L'Adoration des Bergers. Bon tableau sur toile, de la fin du XVIIe siècle, cadre doré. — Haut. 100 c. sur 72.

228. Scène de martyre. Peinture sur toile, dans un cadre doré, XIXe siècle. — Dim. 29 c. sur 21.

229. Saint François d'Assises. Peinture ovale, dans un ancien cadre Louis XIV, en bois sculpté et doré.

230. La Vierge et l'Enfant-Jésus apparaissant à un saint évêque en prière. — Bonne peinture sur toile, dans un cadre doré. — Dim. 60 c. sur 40.

231. Prédication de saint Jean-Baptiste. Bon tableau de l'Ecole des Franck, peint sur bois, cadre doré. — Dim. 50 c. sur 40.

232. L'Adoration des Bergers. Belle esquisse peinte du
XVIII° siècle, sur toile, dans un cadre doré. — Dim.
56 c. sur 36.

233. La mort de saint Joseph. Petite peinture sur cuivre,
dans une baguette en bois sculpté et doré. — Dim. 25 c.
sur 20.

234. Sainte Cécile. Petite peinture sur bois, ovale, dans un
cadre noir et or.

235. Saint Jean Népomucène. Petite peinture sur cuivre,
cintrée par le haut, dans un cadre doré. — Dim. 27 c.
sur 18.

236. Le Christ, les deux mains sur le globe terrestre. Peinture sur bois, dans un cadre doré. — Dim. 36 c. sur 29.

237. L'Adoration des Bergers. Petite peinture sur cuivre,
dans un cadre doré (XVIII° siècle). — Dim. 17 c. sur 13.

238. Ex-voto à la Vierge par deux Religieuses. Bonne peinture, du XVII° siècle, sur toile, dans un cadre doré.

239. La Vierge entourée de divers Saints et Saintes. Bonne
peinture du XVII° siècle, sur toile, cadre doré. — Dim.
107 c. sur 103.

240. La Vierge et l'Enfant-Jésus. Peinture sur bois du
XVII° siècle, dans un cadre doré. — Dim. 133 c. sur 46.

241. Saint Fulgence, évêque et docteur, peinture sur toile,
du XVII° siècle, dans un cadre doré. — Dim. 124 c.
sur 54.

242. Saint Simplicien, archevêque de Milan, peinture sur
toile du XVII° siècle, dans un cadre doré. — Dim. 124 c.
sur 54.

243. La descente du Saint-Esprit sur les apôtres, peinture
sur toile de l'Ecole espagnole du XVII° siècle. — Dim.
92 c. sur 67.

244. Tête de Christ, copie moderne, d'après **Van Dyck**,
sur toile, cadre doré. — Dim. 53 c. sur 46.

245. Etude de jambes, peinte sur toile, par **Orsel**, cadre
doré.

Candélabres. — Flambeaux et chandeliers anciens et modernes de diverses époques.

246. Une paire de candélabres Louis XVI, en cuivre argenté, à 2 branches formées de cors de chasse et à 3 lumières. — Haut. 40 c.

247. 2 chandeliers en cuivre estampé et argenté de la fin du XVIe siècle, à large base renflée, décorés de mascarons.

248. Une paire d'anciens chandeliers bouts de table, à 2 lumières, époque de Louis XIV, en cuivre argenté.

249. Une paire de chandeliers Louis XVI, en cuivre, formés d'un vase à têtes de béliers et guirlandes sur un fût de colonne cannelé, à base carrée.

250. Une paire de chandeliers style Louis XVI, en cuivre, formés d'un vase orné de nœuds sur un fût de colonne cannelé, à base carrée.

251. 2 bougeoirs en bronze ciselé et doré, formés de 2 satyres portant des vases. — (Les vases manquent). — Haut. 22 c.

252. 2 bougeoirs en bronze formés de 2 satyres et satyresses supportant des vases, fonte moderne. — Haut. 22 c.

253. Jolie petite paire de chandeliers Louis XVI, à base carrée, fût cannelé, médaillons et guirlandes en cuivre, estampé et argenté. — Haut. 17 c.

254. Une paire de chandeliers Louis XIV, en cuivre argenté, bon modèle à balustre, décoré de coquilles.

255. Garniture d'autel composée de 14 chandeliers de différentes grandeurs et d'une croix, le tout en cuivre estampé et doré, avec des souches.

256. Une paire d'appliques à 2 lumières en fer estampé.

257. Lustre ancien en verre. — Démonté et incomplet.

258. Sous ce nᵒ seront vendus 165 chandeliers, en beaux

modèles cuivre ou argenté des XVIe XVIIe XVIIIe siècles,

**A chaque exposition partielle seront exposés
ceux qui seront vendu le soir.**

Objets d'art, miniatures et bibelots

259. **Bon christ en ivoire** sur une croix de bois dorée. fixée sur fond de velours noir et dans un cadre ovale en bois sculpté et doré, le tout du XVIIe siècle. — Haut. du christ 36 c.

259 *bis*. Christ en ivoire d'une seule pièce dit janséniste sur une croix en ivoire. — Haut. du christ 23 c., depuis le bout des mains jusqu'au bout des pieds.

260. Buste de **Madame Clotilde sœur de Louis XVI**, reine de Sardaigne, marbre blanc grandeur nature.

261. Vase de forme ovoïde en granit gris, orné d'une très belle monture en bronze ciselé et doré de l'époque Louis XVI. Belle pièce les anses sont formées de serpents entrelacés. — Haut. 20 c.

262. **Email peint**, St Pierre en prières, médaillon ovale avec coins ornés de motifs en relief d'émail. — Limoges XVIIe siècle, cadre ébène et bronze doré. — Haut. 13 c.

263. **Très beau buste de Charles X** en biscuit de Sèvres sur une base bleue et or. — Œuvre signée des initiales de **Brachard**, modeleur de la manufacture (1824). — Haut. 36 c.

264. Joli petit buste du **duc de Bordeaux** en biscuit de Sèvres. Œuvre signée de **Brachard**, 1822. — Haut. 24 c.

265. Très beau buste de **Louis XVIII**, en biscuit de Sèvres, sur une base bleu de roi et or. Œuvre signée des initiales de **Brachard**, 1821. — Haut. 28 c.

266. Joli petit buste d'enfant en biscuit de Sèvres. Œuvre signée de **Rulxhiel**, 1817. — Haut. 23 c.

267. Buste de l'empereur **Ferdinand** en ancien biscuit de
Vienne. — Haut. 31 c.

268. Buste de l'archiduc **Maximilien**, en ancien biscuit
de Vienne. — Haut. 35 c.

269. Groupe en ancien biscuit, berger, bergère et moutons,
jolie pièce, fracturée, xviiie siècle. — Haut. 78 c.

270. **Buste de Louis XIV et de Marie-Antoinette,**
biscuits sur base bleu de roi. — Haut. 27 c.

271. La faiseuse de gimblettes, groupe en biscuit à 3 personnages **d'après Boucher,** bon modèle du xviiie siècle.
— Haut, 18 c.

272. Groupe en biscuit à 2 personnages, vendangeur et
vendangeuse. — Bon modèle du xviiie siècle, haut. 24 c.

273. Groupe en biscuit à 2 personnages, berger et
bergère. — Beau modèle du xviiie siècle. — Haut. 22 c.

274. La poursuite autour du puits. Groupe en biscuit à
2 personnages. — Bon modèle du xviiie siècle. —
Haut. 22 c.

275. 2 groupes se faisant pendant, en biscuit, à 2 person-
nages. (**Les oies du frère Philippe des Contes de
La Fontaine.**) — Bons modèles du xviiie siècle. —
Haut. 30 c.

276. Guerrier gaulois blessé, statuette en marbre vert tendre.
Travail italien moderne.

277. Plaque de faïence peinte (**Castelli**). Jésus présenté au
peuple, dans un cadre doré.

278. Plaque en **porcelaine peinte** : Vue de la ville de
Vienne (Autriche), véritable miniature d'une grande
finesse d'exécution et cadre doré. — Dim. 16 c. sur 11.

279. **Porcelaine peinte,** de forme circulaire. — Très
belle copie d'une grande finesse de la **Vierge à la
chaise,** dans un cadre doré. — Diam. 15 c. — Belle pièce.

280. **Nicolas de Neuville** duc de **Villeroy,** médaillon
de bronze (M. H. 1655).

281. Médaillon de **Camille de Neufville**, par **Warin** 1651, dans un cadre en cuivre ciselé. — Dim. 10 c.

282. Médaillon de **N⁰ˢ de Neufville**, maréchal de **Villars**, par **Warin**, 1651, dans un cadre en cuivre ciselé. — Dim. 10 c.

283. Médaillon du pape **Alexandre VII** tourné à gauche. — Revers : Le lion d'Androclès — XVIᵉ siècle. — Dim. 0.095.

284. Médaillon du pape **Clément XI**, signé (**C. Durut**), en cuivre fondu et doré. — Bonne pièce. — Diam. 13 c.

285. Médaillon de **Louis XV** de forme ovale, repoussé dans une feuille cuivre jaune. — Bonne pièce. — Dim. 15 c. sur 12.

286. Médaillon de **Louis XVI** frappé en plomb, dans un cadre rond en bronze ciselé et doré. — Diam. 7 c.

287. Portrait du **Régent**, miniature ovale peinte à l'huile sur cuivre, dans un cadre doré.

288. Portrait de **Louis XIV**, miniature ovale peinte à l'huile sur cuivre, dans un cadre doré.

289. Portrait de **Charles X**, miniature peinte sur porcelaine, dans un cadre noir.

290. Portrait de la **duchesse de Parme**, miniature peinte sur porcelaine, dans un cadre noir.

291. Portrait d'**Henri V**, miniature peinte sur porcelaine, dans un cadre noir.

292. Portrait présumé de **Mlle de la Vallière**, jolie miniature à l'huile peinte sur cuivre, cadre doré.

293. Portrait de **Louis XVIII**, miniature ovale sur ivoire dans un cadre en bronze doré, orné de fleurs de lys.

294. Portrait de la reine **Marie Leckzinska**, grande miniature sur ivoire dans un beau cadre ovale en bronze ciselé et doré.

295. Portrait du **duc de Berry**, dessin à l'aquarelle ovale, dans un cadre doré surmonté d'une couronne royale.

296. Portrait de **Charles-Edouard** (Stuart), miniature sur ivoire, dans un cadre en bronze fondu et doré.

297. Portrait de **Ferdinand IV**, roi de Naples, miniature sur ivoire, dans un cadre en bois noir.

298. **Saint Dominique**, bonne miniature sur ivoire, dans un cadre doré.

299. Portrait de **François I**er, empereur d'Autriche, miniature sur ivoire dans un très joli cadre en cuivre ciselé et doré, fixé sur une planchette d'ébène. — (Provient de la galerie de la **duchesse de Berry**.)

300. Portrait de **Marie-Thérèse**, impératrice d'Autriche, miniature sur ivoire, dans un très joli cadre en cuivre ciselé et doré, fixé sur une planchette d'ébène. (Provient de la galérie de la **duchesse de Berry**.)

301. Portrait d'un **Grand-Duc de Toscane**, miniature sur ivoire, dans un cadre en bois sculpté et doré surmonté d'une couronne.

302. Portrait de **Louis XVIII**, miniature ronde sur ivoire dans un cadre en bois.

303. Portrait du pape **Pie VII**, miniature sur ivoire, dans un cadre allégorique en cuivre ciselé et doré.

394. Portrait de l'impératrice **Marie-Louise**, miniature sur ivoire signée **Davin**, dans un cadre en bois doré.

305. Portrait de **Napoléon I**er, miniature sur ivoire dans un cadre de bois doré.

306. Portrait d'un **Cardinal**, miniature ovale, peinte à l'huile sur cuivre, dans un cadre en cuivre.

307. 3 portraits dans le même cadre dont deux miniatures de **Joseph II** et de **Marie-Thérèse** et une gravure coloriée : **La duchesse de Berry**.

308. Portrait de **Louis XV** en armure et manteau fleurdelysé, miniature gouachée ancienne sur vélin, dans un cadre bois et cuivre ciselé.

309. Portrait du **cardinal de Richelieu**, miniature ovale sur vélin, dans un cadre en cuivre.

310. Portrait d'**Henri V**, miniature en imitation de camée.

311. Portrait de **Louis XVIII**, très petite miniature. — Diam. 0,023.

312. 5 salières **Louis XV, émail de Saxe**, décors de fleurs sur fond blanc.

313. Petite bonbonnière en **vernis Martin**, quadrillée et doublée en écaille.

314. Bonbonnière en écaille blonde sur laquelle est monté un fixé offrant une vue des **Jardins de Versailles.**

314 *bis*. Petite bonbonnière en ivoire doublée d'écaille décorée d'une miniature sur ivoire (Vierge en prière). — Défectueuse.

315. Verre à boire gravé d'ornements fleurs et oiseaux.

316. Deux fioles à parfums en ancienne verrerie romaine d'une jolie irisation.

317. Deux petits cadres en bois noir guilloché et cuivre estampé, travail moderne. — Dim. 25 c. sur 25.

318. Reliquaire en filigrane d'argent sur sur fond de velours brodé de paillettes, sous verre, dans un cadre ovale (1810).

319. L'annonciation gravée sur une **coquille de nacre.**

320. La Vierge de Douleur entourée d'une guirlande allégorique gravée sur une **coquille de nacre**.

321. **Broderie** en soies de couleur sur papier, face et revers brodés représentant l'agneau mystique, sous verre, ancien cadre doré. — Dim. 15 c. sur 12.

322. **Broderie** ancienne en soie et au point de chaînette offrant la lettre H entrelacée dans une guirlande de fleurs, dans le style **Ranson**, xviiie siècle, sous verre. — Dim. 42 c. sur 35.

323. Colombes buvant dans une coupe, camée coquille monté en presse papier.

324. Sujet religieux à **2** personnages, miniature dessinée et brodée sur satin dans un cadre ovale Louis XV, en bois sculpté et doré (fracturé).

325. Deux bustes en bronze **Henri IV** et **Louis XV** sur des bases en porcelaine blanche et bronze doré. — Travail moderne. — Haut. 24 c.

326. Petit buste de **Louis XVIII** sur un socle, le tout en bronze. — Haut. 22 c.

327. Portrait du pape **Léon XII**, médaillon en ivoire sculpté, monté sur ébène, dans un cadre ovale.

328. Portrait du pape **Pie IX**, camée tendre monté dans un joli cadre ovale en cuivre ciselé et doré.

329. Triptyque en cuivre fondu et émaillé dans le style byzantin, travail moderne.

330. Petit camée dur, portrait d'homme de l'époque Louis XV, monté sur fond de velours dans un cadre d'ornements estampés en argent.

331. Petite boussole dans une boîte en ivoire, XVIIᵉ siècle.

332. Petit cadran solaire à boussole dans son écrin. Jolie pièce gravée du XVIIᵉ siècle.

333. Petite plaque d'émail, sur laquelle est reporté un sujet, d'après **Boucher**.

334. Trois petites mosaïques romaines ovales. Travail moderne très fin.

335. Combat de cavalerie. Petite peinture sur bois, dans le genre de **Casanova**, sans cadre. — Dim. 21 c. sur 15.

336. **Saint Jean l'Evangéliste**. Petite peinture ovale sur cuivre, dans un cadre doré, style Louis XIV.

337. La Vierge et l'Enfant-Jésus. Petite gouache, sous verre, cadre bois doré.

338. Six Saints, dont les têtes et les mains sont en **cire colorée**, et les corps revêtus d'anciennes étoffes brochées de diverses couleurs et bordées de galons. — Sous

verre, dans des cadres anciens en bois sculpté et doré (xviie siècle), le tout en très bon état. — Ce sont : **saint Antoine, saint Jacques, saint Nicolas, saint Louis, roi de France, sainte Victoire** et **saint Jean l'Evangéliste**. — Ce lot pourra se diviser.

339. **Sainte Elisabeth de Hongrie**. — Un pauvre lui demande l'aumône. Sujet à deux personnages, dont les têtes sont en **cire** et les corps revêtus d'étoffes brochées et galonnées. — Sous verre, dans un cadre en bois sculpté et doré (xviie siècle), en bon état.

340. Saint Suaire miniature sur vélin, dans un très joli cadre en écaille rouge, orné de bouquets en bronze doré. Joli cadre.

341. Bénitier en bois sculpté et doré, encadrant une vierge peinte sur verre.

342. Portrait d'homme. Petite peinture ovale, par **Beau· quesne**.

343. Portrait de **Saint Ignace de Loyola**. Petite peinture sur cuivre, dans un cadre doré. — Dim. 18 c. sur 12.

244. Allégorie sur les grandeurs humaines. Petite peinture sur bois, dans un cadre doré. — Dim. 14 c. sur 16.

345. Petite Sainte Famille. Peinture sur cuivre, dans un bon cadre ancien Louis XIV, ovale, en bois sculpté et doré.

346. **Saint François d'Assises**, peinture sur cuivre, dans un cadre en bois orné de palmes sculptées et dorées, xviie siècle. — Dim. 13 c. c.

347. Petite scène de buveurs, genre **Téniers**, peinture à l'huile, sur bois, cadre noir. — Dim. 9 c. sur 8.

348. **Saint Etienne martyr**, petite peinture sur cuivre, dans un cadre doré.

349. Petite peinture sur cuivre du xviie siècle, représentant la récolte des pommes. — Dim. 9 c. sur 7.

350. Petit couteau miniature, à 6 pièces. — Long. 20 mill.

351. **Couteau de chasse** à poignée d'ébène et fourreau de cuir, garnis d'argent.

352. **Couteau de chasse** à poignée d'ivoire, fourreau en galuchat blanc, garnis d'argent.

353. **Couteau de chasse** à poignée d'ébène et fourreau de cuir, garnis d'argent.

354. Deux anges en adoration devant le Saint-Sacrement, ancienne peinture sur bois du XVe siècle, sur fond d'or, sans cadre. — Dim. 36 c. sur 18.

Gravures et dessins anciens et modernes sous verres.

355. Portraits en pied de **Louis XVI**, gravé par **Berwick**, d'après **Callet**, et de **Marie-Antoinette**, gravé par **Roger**, d'après **Rosseline**. — Grandes et belles pièces, sous verres, cadres dorés.

356. **Louis-Auguste**, princes des **Dombes**, gravé par **P. Drevet**, d'après de **Troy**, bonne pièce, sous verre, cadre doré.

357. **L. A. de Bourbon**, prince des **Dombes**, gravé par **Desrochers**, d'après de **Troy**, grande pièce, sous verre, cadre doré.

358. **Le Prince de Galles**, portrait gravé par **P. Drevet**, d'après **Largillière**, bonne pièce, sous verre, cadre doré.

359. **Charles, prince de Galles**, gravure de **Wille**, d'après **Tocqué**, bonne pièce, sous verre, cadre doré.

360. **Charles Ier** et sa famille, grande pièce gravée, d'après **Van Dyck**, sous verre, cadre doré.

361. Portrait de **Charles X** en pied, gravé à l'aqua-tinte par **Turner**, d'après **Lawrence**, grande pièce, sous verre, cadre doré.

362. Portrait de **Louis XV** jeune sur le trône et revêtu du manteau royal. Grande pièce gravée par **P. Drevet**, d'après **Rigaud**, sous verre, cadre doré.

363. Grand et beau portrait équestre du **duc de Berry**, gravé à l'aqua-tinte noire par **Jazet**, d'après **Carle Vernet**, sous verre, cadre doré.

364. Portrait du **duc de Villars**, gravé par **Drevet**, d'après **Rigaud**, sous verre, cadre doré.

365. **Charles, prince de Galles**, gravé par **Wille**, d'après **Tocqué** en 1748, in-fol., sous verre, cadre doré.

366. Vue de l'ancien Pont de Pierre, gravure à l'eau-forte de **Bellay**, d'après de **Boissieu**, sous verre.

367. **Louis XVIII** en manteau royal. Grande pièce gravée par **Audoin**, d'après le **baron Gros**, sous verre, cadre doré.

368. Portrait du **Cardinal de Fleury**, gravure, sous verre, dans un ancien cadre en bois sculpté et doré.

369. **Louis Hector, duc de Villars**, gravé par **P. Drevet**, d'après **Rigaud**, belle pièce in-fol., sous verre, cadre doré.

370. **Louis XVIII** assis dans son cabinet de travail, gravé par **Girard**, d'après le **Baron Gérard**, grande pièce, sous verre, cadre doré.

371. Portrait de **Mgr de Villard**, archevêque de **Vienne**, gravure, sous verre, cadre doré. — 2 épreuves sur une même feuille.

372. Portrait de **Louis XVI**, médaillon surmontant une scène des derniers adieux du roi à sa famille, gravure au pointillé.

373. La Vierge et l'Enfant, gravure de **Raphaël Morghen**, d'après **Raphaël Sanzio**, sous verre, cadre doré.

374. L'ascension du **Pérugin**, gravée par **Danguin**, sous verre, cadre doré.

375. Le mariage de la Vierge de **Raphaël Sanzio**, gravé

par **Longhi** (1820). — Grande et belle pièce, sous verre, cadre doré.

376. **Portrait de Pie IX**, dessiné d'après nature et gravé par **Gaillard**. Très belle pièce, sous verre, cadre doré.

377. Portrait du **comte de Chambord**, dessiné et gravé par **Gaillard**, sous verre, cadre doré.

378. Le pape visite les bords de la Saône. — Eau-forte de **Boissieu**, belle épreuve sous verre cadre doré.

379. Vue de **l'Hôtel-Dieu de Beaune**. Eau-forte de **Brunet-Debaine**, sous verre, cadre doré.

380. Les Batailles d'Alexandre d'après **Lebrun**, 5 petites pièces de grandeur différentes gravées par **Sébastien Le Clerc**, dans leurs anciens cadres à perles en bois doré.

381. Deux gravures à l'eau-forte de **Boissieu**, anciennes épreuves, sous verre.

382. **Louis XVIII**, gravé par **Audoin**, sous verre, cadre doré.

383. Portrait de **Ferdinand I**er d'Espagne, gravure, sous verre, cadre doré.

384. **Marie-Josèphe de Saxe** et **Louis Dauphin de France**, gravés par **Wille**. Deux pièces, sous verre, cadre doré.

385. **Clotilde de France**, gravure, sous verre, cadre doré.

386. **Duchesse d'Orléans** dessinée et gravée par **Regnesson** (1663), sous verre, cadre doré.

387. La **Duchesse d'Angoulême**, gravée d'après **Hersent**, sous verre, cadre doré.

388. **Charles de Bourbon**, gravé par **Th. de Leu**, petite pièce sous verre, cadre doré.

389. **Combat de Harene**, petite gravure sur acier, sous verre, cadre doré, ovale.

390. **Anne d'Autriche**, reine d'Espagne (XVIIe siècle), gravure, sous verre, cadre bois.

391. 2 Grandes vues gravées de **St-Pierre de Rome**, intérieur et extérieur, sous verre, cadre noir.

392. Canons de la messe, époque Louis XIV, coloriés et dans des baguettes bois doré ; autre canon non encadré. En tout 5 pièces.

393. Sainte Barbe, gravure découpée, coloriée et ornée de broderies et étoffes anciennes, dans un cadre Louis XIV moderne.

394. 2 photographies coloriées, sous verre, cadre doré.

395. 4 petites gravures, portraits anciens et modernes, dans des cadres dorés.

396. Martyre de Saint-Sébastien, bon dessin au **pastel**, sous verre, cadre doré. — Dim. 58 c. sur 44.

397. Le **comte d'Artois**, portrait ovale au pastel, XVIIIe siècle, dans un cadre doré.

398. Portrait de femme (**XVIIIe siècle**), pastel dans une baguette de bois doré ancienne. — Dim. 37 c. sur 32.

399. Diane chasseresse, feuille d'éventail de l'époque Louis XIV, peinte à la gouache, sous verre.

400. Grand dessin au crayon d'après **Lebrun**, sous verre, cadre noir.

401. Bon dessin à la sanguine. — Tête de femme attribuée à **Boucher**. Daté du 3 février 1770, sous verre, cadre doré.

402. Vue d'Italie, aquarelle de **Hubert Robert**, sous verre, cadre Louis XVI en bois sculpté et doré. — Dim. 33 c. sur 24.

403. Ancienne vue de Paris (XVIIIe siècle). Dessin à la plume, sous verre, cadre noir. — Dim. 52 c. sur 32.

404. 2 aquarelles, paysages du **XVIIIe siècle**, sous verre, cadres dorés.

405. Paysage. Petite aquarelle du **XVIII⁰ siècle**, dans un cadre bois doré.

406. Barque de pêcheurs, aquarelle moderne, sous verre, cadre doré.

407. Vue prise à **Sainte-Colombe**, près de Vienne, très beau et grand dessin à l'encre de Chine, de **Ponthus-Cinier**, sous verre, cadre doré.

408. Vue prise à **Moutis**, près de Vienne, beau et grand dessin à l'encre de Chine de **Ponthus-Cinier**, sous verre, cadre doré.

409. Vue de **Tournon** (Ardèche), bon dessin au crayon, signé et daté de 1828, sous verre, cadre doré.

410. Ancienne vue de **Fourvière**. Dessin sous verre, cadre noir.

411. Vue des Champs-Elysées à Paris. Dessin au crayon noir de **Rosalbin**, sous verre, cadre noir.

412. Le martyre de sainte Philomène, très grand dessin de **Jammot** au crayon sur papier, cintré par le haut, dans un cadre en noyer ciré.

Gravures et dessins anciens et modernes en feuilles.

413. Grande vue d'une partie de la **Ville de Lion**, dessinée du quai Saint-Antoine, gravée par **de Poilly** et publiée par **Cléric** (XVIIᵉ siècle) collée sur toile et montée sur rouleaux dorés.

414. Statue équestre de Louis XIV, monument des **Coustou** et de **Desjardins**, autrefois place Bellecour ; gravé par les **Audran**, collé sur toile et monté sur rouleau, tirage récent.

415. 5 pièces : Petite vue de Trévoux (Sylvestre). — Petite vue de Roanne (XIXᵉ siècle). — Petite vue de Montbrison

(XIX⁰ siècle). — Bannière lyonnaise (dessin de Steyert).
— Collège de Montgré (lithog.). Deux exemplaires.

416. 6 pièces. Eaux-fortes de **Ponthus Cinier.** — Environs de Lyon et autres.

417. 8 pièces. **Vues et plans de Lyon.** — XVIᵉ, XVIIᵉ et XVIIIᵉ siècles. — Pierre-Scize, deux vues. — Maison de Vimy. — Château de la Motte. — Plan de Lyon, XVIᵉ s. — Vue de Lyon, XVIIᵉ siècle. — Vue de Lyon, XVIIᵉ siècle. — Gouvernement de Lyon, XVIᵉ siècle (carte).

418. 4 pièces. **Vues de Lyon.** — Les Cordeliers. — Saint-Jean. — Sous Fourvières. — Port Royal. — Israël Sylvestre, XVIIᵉ siècle).

419. 6 pièces. 5 petites vues de **Bourg en Bresse** XVIIIᵉ siècle et petite carte de **Bresse.**

420. 9 pièces. Vues de Lyon et de Vienne. Lithographies de l'album de 1823 de la Société des Amis des Arts. — **(Guindrand, Thierriat, Rey, Bonnefond, Jacomin,** etc.)

421. **Plan de Lyon** au XVIIIᵉ siècle, in-fol., gravé sur cuivre (chez **Desnos,** Paris, 1770).

422. **Plan de Lyon,** au XVIᵉ siècle, in-fol., gravé sur cuivre. — Tiré du Grand Théâtre des cités du monde, de G. Braun, 6 vol. in-fol., Cologne, 1572-1618.

423. **Vue de Lyon** au XVIᵉ siècle, in-fol., gravée sur bois, avec un bel encadrement tiré de **F. de Belleforest,** Cosmographie universelle. Paris, 1575, chez N. Chesnau et M. Sonnius.

424. 2 pièces. — Projet d'agrandissement de **Perrache,** gravé par **Dagoty,** 1776. — Statue équestre de Louis XIV, de **Desjardins** et **Coustou,** grav. par **Audran,** in-fol.

425. Chœur de la cathédrale de Lyon, gravé par **Daudet,** d'après **Delamonce,** in-fol. (rare).

426. 17 pièces. — Vues de Lyon, in-4 et in-12, XIXᵉ siècle.

427. 2 pièces. — Ancienne vue de Vienne (Dauphiné), gravée sur cuivre, au xvi⁰ siècle. — Ancienne porte d'Avignon à Vienne (Dauphiné), grav. du xviii⁰ siècle, in-fol.

428. Grand et beau plan de la Rome antique, gravé par
Etienne du Pérac et dédié par lui à Charles IX. —
Cette pièce bien conservée, collée sur toile, montée sur
rouleaux, est ornée de triomphes de consuls et empereurs.

429. Grande et belle vue perspective de la Rome moderne,
gravée sur le dessin de **A. Tempesta** et publiée par
J. de Rossi en 1664, collée sur toile, montée sur rouleaux et bien conservée.

430. Vue de l'**Isle-Barbe**, près de Lyon, grand dessin au
fusain, de M. **Agassis**, Lyonnais.

431. Plan géométrique, manuscrit, du château et du village
d'**Ampuis**. — Très curieuse et intéressante pièce du
xvii⁰ siècle, en bon état, collée sur toile et montée sur
rouleaux.

432. Plan et vue de l'ancienne **Ville de Toulon** et son
agrandissement, curieux dessin ancien avec une longue
légende explicative.

433. Dessins anciens. — 3 pièces. — Vue de Rome
(**Bréemberg**).—Saint François d'Assises(**C. Maratte**).
— Plafond avec les attributs de la passion de N.-S.
Jésus-Christ.

434. 4 pièces.— **Archev. de Lyon.**— Alph. de Richelieu.
Camille de Neuville. — Ch. de Neuville. — Le même. —
In-4.

435. 9 pièces. — **Lyonnais célèbres.** — Card. de Ten-
cin, arche. de Lyon. — Camille Perrichon, prévôt. —
Cl. de Saint-Georges, arch. de Lyon. — Le même. —
Cl. Pupil, président. — Tolozan de Montfort. — J. Pernetti. — Marquis de Maubec. — A. de Richelieu, arch.
de Lyon. — In-4 et in-12.

436. 5 pièces. — **Les Neuville de Villeroy.** — Maré-

chal de Villeroy. — Cam. de Neuville arch. de Lyon. — F. de Neuville, mar. de France. — N. de Neuville, mar. de France. — A. de Neuville, gouv. de Lyon, in-4°.

437. **De Boissieu**. Place de St-Andéol-le-Château, bonne épreuve ancienne du 4e état.

538. **De Boissieu**. Le temple de Vesta. Très belle épreuve ancienne du 1er état.

439. 2 pièces **de Boissieu**. — Joueurs de boules à la porte de Vaise et le grand pont. (4e tirage.)

440. **De Boissieu**. — Le temple du Soleil. — Bonne épreuve du 3e état terminé.

441. **De Boissieu**. — Le temple du Soleil. — Ancienne et belle épreuve du 3o état terminé, papier vergé verdâtre.

442. **De Boissieu**. 2 pièces. — Le pape Pie VII. — Les petits tonneliers. — Portrait de Boissieu. — Tirages modernes.

443. **De Boissieu**. 2 pièces. — Le pape Pie VII, sur la Saône (moderne). — Paysage avec colonnes. (5e état.)

444. **De Boissieu**. — Intérieur de ferme, vieillard et enfants. (5e état.)

445. 3 pièces. — L. A de Bourbon, prince des **Dombes**. — Jules de Bourbon duc d'Enghien (Lo Mar.). — A. de Bourbon, prince de Condé en abbé (Mellan).

446. 4 pièces. — Deux portraits de Louise d'Orléans grav. par Vermeulen et Fillœil d'après **Rigaud**, in-fol. — Duchesse de Guise (grav. par **Picard le Romain**, in-8°). — Mlle de Montpensier (grav. par **de Poilly**).

447. P. P. Rubens grav. d'après Van Dyck (du Pont?) — Titre en hollandais.

448. Tête de Bolswert sur le portrait de H. Hot., gravée par **Lommelin**, d'après Van Dyck. (2e état.)

449. E. Taye, gravé par **C. Galle**, d'après Van Dyck. — (2e état, bonne épreuve.)

450. Gérard Honthorst, gravé par **P. du Pont**, d'après Van Dyck. (Dernier état.)

451. Comtesse d'Egmont, gravée par **J. Neefs** d'après Van Dyck, rare et belle épreuve, collée et montée en dessin avec la marge du bas.

452. A. de Coster, gravé par **P. de Jode** d'après Van Dyck. (5ᵉ état.)

453. Pricesse de Ligne, gravée par **M. Natalis**, d'après Van Dyck. (2ᵉ état.)

454. C. Sacht-Leven, gravé par **L. Vostermann**, d'après Van Dyck. (4ᵉ état.)

455. Paul de Vos, eau-forte de **Van Dyck**, retouchée par Bolswert. (5ᵒ état.)

456. Comte de Tilly, gravé par **P. de Jode**, d'après Van Dyck. (4ᵉ état.)

457. Gérard Seghers, gravé par **P. du Pont**, d'après Van Dyck. (4ᵉ état.)

458. Josse de Momper gravé par **L. Vorstermann**, d'après Van Dyck. (5ᵉ état.)

459. Deux pièces : La flagellation, gravée par **J. Collaert**, d'après J. Stradan. — D. François, évêque d'Olmutz, gravé par **Sadeler** (rare). — Bonnes pièces.

460. 2 pièces : Louis XIV jeune (allégorie), gravé par **Drevet**, d'après Coypel. — Louis XIV jeune, gravé par Mellan.

461. 2 pièces : Louis XV jeune, gravé par **Audran**, d'après Gobert, in-folio. Louis XV jeune, gravé par **Duchange**, in-4ᵒ.

462. F. de Lorraine, évêque de Bayeux, gravé par **Chéreau**, d'après Robert Tournière, in-folio.

463. Cardinal de Polignac, arch. d'Auch, gravé par **F. Chéreau**, d'après H. Rigaud, in-folio.

464. 8 pièces : Gaspar de Coligny 1ᵉʳ du nom. — Gaspar de

Coligny, 2ᵉ du nom. — Charles II, card. de Bourbon. —
La Fontaine. — Callot. — A. de Maistre. — Ch. Patin. —
Abbé de Vertot, gravés par divers, in-folio.

465. 4 pièces : L.-A. de Bourbon, duc du Maine, prince de
Dombes, 4 portraits différents du même personnage,
gravés par **L. Cars, Desrochers, Drevet,** etc., in-
folio.

466. 8 pièces. — Brûlart de Sillery. — L. Servin. — Denis
Talon. — G. du Vair. — Président Jeannin. — F. Pithou.
— C. d'Ossat. — J.-B. Colbert. — Ces 4 derniers grav.
par **Edelinck,** in-4º.

467. 4 pièces. — J.-B. Colbert. — A. de Richelieu. —
Pomponne de Bellièvre. — J. Amelot, grav. par **Lubin
et Nanteuil,** in-4º.

468. De Neuville de Villeroy, maréchal de France, gravé par
Edelinck, d'après H. Rigaud, in-fol.

469. 4 pièces. — Philippe V, roi d'Espagne, grav. par
Vermeulen, d'après Vivien, in-fol. — Le même, in-4º.
— Louise de Portugal, gr. par **Larmessin.** — Isabel
de Borbon (1830). Lithog, in-4º.

470. 2 pièces. — Duc de Villars, mar. de France, grav. par
Langlois, d'après H. Rigaud, in-fol. — Duc d'Antin,
maréchal de France, grav. par **Chéreau,** d'après H. Rigaud,
in-fol.

471. 2 pièces. — Card. Le Camus, év. de Grenoble, grav.
par **Nolin,** in-4º. — Nicolas Le Camus, conseiller du
Roy, grav. par **Tardieu,** d'après H. Rigaud, in-fol.

472. 4 pièces. — Ch.-Ed. Stuart, p. de Galles, 2 port. différents grav. par **Daullé et de Poilly.** — Louise-Marie
princesse de Grande-Bretagne, grav. par **Chéreau,**
d'après Belle. — J.-F. Edward, p. de Galles enfant, grav.
par **Van Schuppen,** d'après Largillière, in-fol.

473. 5 pièces. Jacques III Stuart. — 5 portraits du même
personnage peints et grav. par divers. — In-fol.

474. Louis Dauphin, père de Louis XVI, grav. par **Daullé** d'après Belle. — In-fol., bonne pièce sans marge.

475. L. de Tressan, arch. de Rouen, gravé par **P.-J. Drevet**, d'après M. Van Loo. Belle pièce in-4°, sans marge.

476. J.-B.-L. Picon, conseiller, grav. par **F. Chéreau**, d'après H. Rigaud. Belle pièce, in-fol., sans marge.

477. 2 pièces. — Louis Dauphin de France et Marie-Thérèse infante d'Espagne en pied. — Curieuses pièces du xviiᵉ siècle, in-fol.

478. 4 pièces. — De la suite de l'histoire de Henri IV et Marie de Médicis, grav. par Trouvain, Audran. Loir, etc., d'après Rubens sur les dessins de Nattier, in-fol.

479. 2 pièces. — La conversation et la lecture espagnole, gr. par **Beauvartet**, d'après C. Vanloo, in-fol. Bonnes pièces.

480. Portrait équestre de Nestier, écuyer du roy, grav. par **Daullé**, d'après Delarue (1753). Belle pièce, in-fol., marge du bas.

481. 2 pièces. — François de Médicis et Jeanne d'Autriche, grand-duc et grande-duchesse de Toscane, gravés par **G. Edelinck**, d'après Rubens, in-fol.

482. L. Auguste, duc du Maine, gravé par **P. Drevet** père, d'après de Troy, in-fol., sans marge.

483. Portrait du cardinal Fesch, en pied, in-fol. (rare).

484. J.-B. Rousseau, gravé par **Daullé**, d'après J. Aved, in-fol.

485. L. Auguste, duc du Maine, gravé par **P. Drevet** père, d'après de Troy, in-fol., sans marge.

486. 2 pièces. — Ludit amabiliter. — A. Lady, in a Turkish Dress. — (Portraits). — Gravures anglaises ovales, par **J.-W. Ryland**, d'après A. Kauffmann. **Très belles épreuves tirées en bistre**, marge du cuivre, en parfait état, in-fol.

487. Patience. — Gravure anglaise ovale de **J.-W. Ry-**

land, d'après A. Kauffmann, tirée en bistre. Très belle épreuve en parfait état avec la marge du cuivre, in-fol.

488. Calendrier de l'année potagère (1768), gravé par **L. d'Estampes,** dans un bel encadrement du XVIIIᵉ s.

489. 6 pièces. — Plan du château et parc de Versailles avec légendes (in-fol., 1767, chez Lattré). — Maison du Père Lachaise à Mont-Louis (Paris, XVIIᵉ siècle). — Porte royale de Marseille (**J. Sylvestre**). — La tour de Nesles (**Callot**). — Château St-Ange (**La Bella**. — Autre **Callot**.

490. 4 pièces. — Princes de la maison de Savoie. — Henri de Savoie, gravé par **Mellan,** in-fol. — Philibert Iᵉʳ, gravé par Mathey, in-12. — Le même, par Giffart, in-4. — Ch. Emmanuel, gravé par Porporati, in-4.

491. 3 pièces. — Ch.-Aug. de Benoise, conseiller, in-fol., gravé par Frosne, d'après Scève. — El. de Pontevès, in-fol., gravé par Coelmans. — Portrait de femme, lithog.

492. 7 pièces. — Rois et reines de France et autres pays du Recueil de **Bonnard** et autres (XVIIᵉ siècle), in-fol.

493. 9 pièces. — Rois, reines et personnages illustres français des Recueils de Larmessin et Montcornet, in-4.

494. 14 pièces. — Dont 12 rois, reines d'Angleterre, par **Larmessin,** Chereau, Desrochers, Leroy, Ville, Trouvain, etc. — Et 2 portraits de Marie Stuart, par **Th. de Leu,** et Harreweyn, in-4 et in-12.

495. 10 pièces. — Rois, reines et personnages anglais, gravés par divers, d'après **Van der Werff,** in-4.

496. 7 pièces. — Rois et princes français du XVIᵉ siècle. — Henri II. — Charles IX. — Connétable de Bourbon. — Le même. — Henri, duc de Montpensier. — Le même. — Le même. — Gravés par **Thomas de Lou** et autres (in-12).

497. 10 vues et 4 personnages. — **Vues de Suisse** dessinées par J. Aberli, gravées et teintées **en couleurs** à

l'aquarelle. — Lac de Bienne. — Yverdon. — Bientz. — Berne. — Thunn. — Nidau. — Oberhosti. —Lausanne. — Berne. — Vevay. — De 49 c. sur 31 les 2 premières et de 35 c. sur 21 les 8 autres, très bien montées et collées sur 3 cartons. — Belles pièces en excellent état.

498. Vue de Rome, Le Colisée, gravée et teintée en couleurs à l'aquarelle, collée et montée sur carton en hauteur, in-fol.

499. 3 pièces. — 3 portraits de J.-P. Camus, évêque de Belley (**Mellan**), in 8°.

500. 2 pièces. — Le pape Pie VII (gravé par **Morghen**, in-fol.). — Le pape Alexandre VII (gravé par **Van Schuppen**, in-fol.).

501. 5 pièces. — Saint François d'Assises (Villamène). — Le Christ mort, belle pièce, gravée par **B. de Plattemontagne et Morin**, d'après Ph. de Champaigne.— Effet de nuit, gravé par **C. Wischer**, d'après P. de Laer. — La femme rusée, gravé par **Basan**, d'après C. Béga. — Saint Laurent, d'après P. de Cortone, in-fol. et in-4°.

502. 6 pièces. — Sujets religieux peints et gravés par divers (XVIIᵉ et XVIIIᵉ siècle), in-fol.

503. 2 pièces. — Arrivée du pape Pie VI en France en 1804. — Le pape Pie VI assis (sinite parvulos venire ad me). Eau-forte de **Boissieu**, in-4°.

504. Saint Louis de Gonzague (Schol. Soc. Jesu), gravé par **Vermeulen**, d'après Largillière, in-fol. ovale équarri (bonne pièce).

505. 4 pièces. — Sujets religieux dessinés et gravés par **Mellan**, in-fol.

506. 5 pièces (Société de Jésus). — Saint François-Xavier gravé par Aubert, d'après Natoire, in-fol. — Saint François de Borgia, in-fol., par les mêmes. — Saint Ignace, in-fol. —Le père de Lingendes, gravé par **Mellan**, in-4°. — Saint Ignace, d'après un bas-relief de bronze, in-12.

507. 5 pièces. — Louise de Gonzague, reine de Pologne,

gravé par **Mellan**, in-fol. — Comte et contesse d'Artois, in-12. — Poniatowski, in-12. — Henri V, lithog.

508. 2 pièces. — Henri IV et Louis XVIII, rois de France, gravés par **Audouin** sur les dessins de Bouillon, d'après Porbus et Valois (in-fol.).

509. Neptune et Amphitrite, gravé par **Richomme**, d'après **J.** Romain, in-fol.

510. La Vierge de la maison d'Albe, gravée par **Boucher-Desnoyers**, d'après Raphaël Sanzio (belle pièce in-fol.).

511. 2 pièces. — Le Jeune peintre et Scène de la Saint-Barthélemy, gravés d'après P. Delaroche et Ducis, **par Prud'homme et Allais. In-fol.**

512. 2 pièces. — Le Jeune peintre et les Adieux au monde, gravés d'après Mad. Lescot et Ducis, par **Bosc et Allais** In-fol.

513. Femme aveugle conduite par une jeune fille. — Gravure anglaise, d'après Mad. Lescot, par **W. Reynolds** (Bonne pièce en manière noire). In-fol.

514. 2 pièces. — Le Zéphir et l'Enlèvement de Psyché, gravés **d'après Prudhon**, par Laugier et Muller. (Très belles gravures et superbes épreuves.) In-fol.

515. 2 pièces. — La Famille malheureuse et le Zéphir, gravés **d'après Prud'hon**, par Laugier et Toussaint-Carron. (Très belles gravures et superbes épreuves.) In-fol.

516. 2 pièces. — Orphée et Eurydice, gravés par Garnier, **d'après Drolling.** — La Bienfaisance, grav. par Leroux, d'après Mad. Lescot. In-fol.

517. 3 pièces. — La Nymphe, grav. par Bein, d'après Lancrenon. — La première naissance, grav. par Burdet, d'après Vauchelot. — Le Sacrifice, grav. par David, d'après **Jouvenet.** In-fol.

518. 2 pièces. — La Maladie de Las Casas, grav. par **Adam**, d'après Hersent. — Henri IV et l'Ambassadeur, aqua-tinte noire, in-fol.

519. 3 pièces — Sainte Famille, lithog. d'après Raphaël. — Sainte Anne, d'après Rubens. — Sainte Juste, grav. par Blanchard, d'après Murillo. In-fol.

520. Souvent femme varie, gravé par **Boucher-Desnoyers**, d'après Blanchard. In-fol.

521. 2 pièces. — Madones de Raphaël Sanzio et Murillo, gravées par Pavon et Martelli. In-fol.

522. 2 pièces. — Corinne au Cap Misène, grav. par Prévost, d'après le baron Gérard, et Orphée et Eurydice, grav. par Garnier, d'après Drolling. In-fol.

523. 2 pièces. — La Leçon d'Henri IV. — Henri IV, Sully et Gabrielle, peints par **Fragonard** fils et grav. par Allais et Gérault, 1824. In-fol.

524. 18 pièces, grav. et lithog. diverses.

525. 10 pièces. Diverses gravures (xviie siècle).

526. 70 pièces — Vignettes des xviie et xviiie siècles pour illustrer les livres. .

527. 7 pièces. — Chasses et paysages de **Callot**. Tirage moderne.

528. 4 pièces. — Moïse et les Filles de Madian, grav. par **Audran**, d'après Lebrun. — Deux pièces de **Piranèse** — Autre pièce. In-fol.

529. La Tente des Darius, grav. par **G. Edelinck** et **P. Drevet**, d'après Mignard. — En deux feuilles. In-fol.

530. 5 pièces.— Maréchaux de France. — Duc de la Meilleray (in-12). — De Tourville (in-8). — Duc de Villars (in-12). — Duc de Toiras (in-4°). — Duc de Luxembourg (in-4°), grav. par divers.

531. 12 pièces. — **Portrait de P. de Cholier de Cibeins**. In-fol. — 12 épreuves du même.
Ce lot pourra se diviser.

532. 6 pièces. — Suite de 6 figures académies dessinées et grav. par **C. Van Loo**.

533. 19 pièces. — Extraites des Galeries historiques de Versailles publ. par Gavard.

534. 6 pièces. — Duc de Berry. — Duc de Bordeaux. — Duc d'Angoulême. — Duchesse de Berry. — Duchesse d'Angoulême. — La même. — Grav. modernes, in-12.

535. 11 pièces dont 10 portraits, in-fol., in-4º et in-12 de princes souverains de Dombes, grav. par divers.

536. 10 pièces diverses dont 3 feuilles dessus de boîtes coloriées.

537. 3 pièces. — Henri V, lithog. in-fol. — Duchesse de Berry, lithog., in-fol. — Caroline de Berry à Naples. In-fol. — Manière noire.

538. Le Chapeau de Napoléon Ier, lith. d'après nature. (Steuben ?) sous 8 faces. (Rare.)

539. 9 pièces. — Princes et princesses de la maison de Bourbon. — In-12, grav. par divers.

540. 6 pièces. — Rois de France (Valois), grav. par divers. In-12.

541. 9 épreuves du portrait de l'abbé Trébuquet, in-12, sur Chine, collé.

542. 4 pièces diverses. — Lithog. et photographies.

543. 4 pièces diverses. — Photographies et lithographies.

544. Tombeau de M.-Clementine d'Angleterre à Saint-Pierre de Rome, grav. du XVIIIᵉ siècle, imprimée sur satin (in-fol.).

545. 4 pièces. — Louis XV, roi de France (grand dessin).— Marie Lekzinska, reine (gravure). — Le Christ en croix (gravure). — Descente de croix (gravure). Ces 4 pièces sont découpées et ornées d'étoffes et galons anciens (XVIIIᵉ s.), in-fol. et in-4º.

546. Portrait de **Denon**, grav. à l'eau-forte par lui-même, d'après Isabey. Bonne épreuve montée en dessin (in-4º).

547. 3 pièces. — Vierge d'après A. Durer, gravée par

G. Sadeler. — Grande résurrection de Lazare (**Rembrandt**), moderne.

Meubles modernes.

548. Bibliothèque en noyer à dessous plein et corps du haut vitré.

549. Armoire vitrée à deux portes.

550. Armoire vitrée à deux portes.

551. Secrétaire moderne en acajou à dessus de marbre noir.

552. Grande table de salle à manger à rallonge et à pieds tournés en noyer ciré.

553. Bureau à tiroirs en acajou, à pieds tournés.

554. Grand cadre en bois doré moderne.

BIBLIOTHÈQUE

Ouvrages religieux. — Sermonnaires. — Philosophie.

555. **Biblia.** *Lutetiæ, ex officina Roberti Stephani, typ. Regii,* 1545. 3 part. en 1 gros in-8, réglé, v., fil., tr. dor. *Reliure du* XVIe *siècle ayant souffert.*

> Cette édition avec les notes de Vatable, ou plutôt de Robert Estienne lui-même, Brunet l'indique en 2 parties (*il y en a 3*) et dit que l'ex. de Thou a été payé **561 fr.** à la vente Renouard.

556. Biblia sacra Vulgatæ edit. *Lyon, Perisse,* 1863, gros vol. in-8, d.-ch. mar., pl. toile. *Comme neuf.*

557. (Abbé Mesenguy). Abrégé de l'histoire de l'Ancien Testament. *Paris,* 1753. 10 vol., in-12, v. m.

558. **Royaumont** (de), *Prieur de Sombreval.* L'Histoire du vieux et du nouveau Testament. *Bruxell. Fricx,* 1727, in-12. Maroq. v. fil., large dentelle, tr. dor. (*Capé.*)

> Bel ex. dans une riche reliure, et avec des épreuves superbes. *Gravures à toutes les pages.*

559. **Novum Testamentum** (en hébreu, en grec et en latin). *Paris,* 1584, in-4, v. décoiffé. *Reliure du* XVIe s.

> Cette édition a été publiée par (*Guidus Fabricius Boderianus*) Guy Fevre de La Boderie, **savant orientaliste normand.**

560. Novum Jesu Christi Testamentum, in-12, parch., fil., tr. dor. — Imitation de Jésus-Christ, in-12, v. m., fil., tr. dor. *Editions Barbou.* — Novum Testamentum. *Lugduni,* 1760, in-16, maroq. n., fil., tr. dor.

561. Royaumont. Histoire du Nouveau Testament. *Paris,* 1815, in-4, taché, d.-rel. usée. *Gravures à toutes les pages.*

562. Le Nouveau Testament de N.-S. J.-C., selon la Vulgate Imprimé par ordre de Mgr le card. de Noailles. *Paris,* 1704. 2 vol., in-18, v. tr. dor. *Frontispice.*

563. Bonad (Fr.), *Santonensi : e sacris musis Angeriæ presbytero*. Monodiarum liber, *Paris*, 1538. — ID. Pathe Plangentis ecclesiæ ad Christum sponsum. *Paris*, 1539, 2 ouvr. en 1 vol., in-16, titre encadré s. bois, bas.

François Bonade, théologien du XVIe siècle, naquit à Saintes.

564. **Livres religieux**, 8 vol., in-12. reliés.

Semaine Sainte. Traité de la prière continuelle. L'Histoire du Vieux et du Nouveau Testament. *Etc...*

565. Boissieu (R. P.), *Jésuite Forézien*. Méditations sur les Evangiles expliqués pour chaque jour. *Avignon*, 1824, 4 vol.. in-12, bas. racine.

566. Universum sacrosanctum Concilium Tridentinum, œcumenicum ac generale, legitime tum indictum, tum congregatum. *Antuerp.*, 1564, in-12, marges infér. du titre coupées, maroq. r., jansén., tr. dor.

On lit sur le titre, en ancienne écriture : *Edition fort rare*.

567. Manuel du Chrétien. Messe, Pseautier, Nouveau Testament. Imitation de Jésus-Christ, s. *l.*, 1751, gros in-12, maroq. r., fil., gardes en soie verte, tr. dor. (*Rel. anc.*)

568. (Abbé Oegger, *né à Bitche*). Manuel de religion et de morale, en forme de livre de prières ou réflexions et sentimens rédigés selon le véritable esprit de la religion de Jésus-Christ. *Paris*, 1822, in-12, d.-ch. v.

Imprimé sur papier vert, orné de 3 lithogr. en couleurs sur papier blanc.

569. **Missale** romanum. *Antuerp., ex offic. Plantiniana*, 1740, gr. in-4, bas., fil., tr. dor. (Rel. anc.). *Gravures*.

570. **Missale** romanum ex decreto sacrosancti concilii Tridentini restitutum. *Lugduni*, 1745, gr. in-4, taches, maroq. n., fil., écorné. *Gravures*.

Voyez aussi les n°s 1043 et 1133.

571. Gersen, *ordin. S. Benedicti*. De Imitatio Christi. *Bruxelles*, 1649, in-18, v. écorné. *Très joli titre gravé*.

Dans le même vol.: Cornelii Curtii *Augustiniani*. De Clavis dominicis. *Antuerp.*, 1634, avec titre gravé *et de jolies figures relatives à la passion de Jésus-Christ*.

572. **De Imitatione Christi,** edid. Nic. Bauzée. *Paris,
Barbou,* 1789, in-12, figures de Marillier, maroq. rouge.
fil., dentell., tr. dor. (*Rel. anc.*)

573.— Même ouvrage. *Barbou,* 1788, in-12, v. m., fil., écorné,
tr. dor. *Figures de Marillier.*

574. Imitation de Jésus-Christ. — De imitatione Christi. —
Novum Testamentum, 2 vol. in-12 et un in-18, veau.

575. De Imitatione Christi libri IV. *Paris, Barbou,* 1773, in-
12, v., fil., tr. dor. *Figures de Marillier.* — Imitation de
Jésus-Christ, trad. de Gonnelieu. *Paris, Janet,* 1825, in-18,
v. r., gaufré, tr. dor. *Gravures.*

576. L'Imitation de Jésus-Christ, trad. par l'abbé de Lam-
menais. *Lyon, Bauchu (L. Perrin),* 1855, gros in-18, br.
Texte encadré d'ornements roses.

577. Grégory (de). Mémoire sur le véritable auteur de l'Imitation de Jésus-Christ. *Paris,* 1827, in-12, d.-bas. *Fac-
similé.* — De Imitatione Christi. *Paris, Barbou,* 1768, in-
12, v., dentell., tr. dor.

578. De Imitatione Christi. *Paris, Barbou,* 1764, in-18, v.,
tr. dor. *Fronstisp. d'Eisen.*

579. Livres religieux. *10 vol. in-12 divers.*
> Par E. Veuillot, le P. Boufflier, l'abbé Curé, le P. Francoz
> l'abbé Perreyve, etc.

580. Lapostolest (Mgr). Liturgie de la Messe arménienne.
Venise, 1851, br., in-8, *Avec 8 planches de la Messe.* —
Ducis. L'auteur de l'Imitation de J.-C. *Annecy,* 1876, br
in-4. Portrait. *Et 4 autres brochures.*

581. Esser (R. P.). Le Saint Rosaire de la Très Sainte
Vierge, trad. de l'all. par Mgr Curé. *Lyon,* 1894, petit
in-8, br.

582. Le Camus, *évêque de Grenoble.* Deffence de la virgi-
nité perpétuelle de la Mère de Dieu. *Lyon,* 1680, petit
in-12 (les 6 lignes de la dernière page ont été réimpri-
mées), d. v. f.
> Vol. publié au sujet d'un discours fait dans un cabaret de

Saint-Marcellin, par Louys Rivail, de la R. P. R., lequel déclarait que la Ste Vierge avait eu des enfants de S. Joseph après la naissance de Jésus-Christ. *Rivail fut condamné à demander pardon à genoux* **devant l'église de S. Marcellin**, *avec une torche allumée à la main.*

583. Gousset (*Cardinal*). La croyance générale et constante de l'Eglise touchant l'Immaculée Conception. *Paris*, 1855, gros in-8, d.-ch. n.

584. Lettere devotissime della beata Virgine Sante **Caterina da Siena**. *In Venetia*, 1562, in-4., v.

> Joli vol. en beaux caractères italiques à 2 colonn. — Sr lue titre la signature de **Del Bene**, *évêque de Nimes.*

585. **Doussault.** Les XIV stations de la voie douloureuse, dessinées d'après nature à Jérusalem et lithogr. par Cicéri. *Paris*, 1864, gr. in-fol., percal. r., tr. dor. *14 grandes pl.*

586. Deschamps (R. P.), *Jésuite.* Les fleurs de Marie, ou sa vie, ses fêtes, ses vertus sous l'emblème des fleurs du printemps. Nouveau mois de mai. *Lyon*, 1863, gros in-12 br. *Nombreuses pl. lithogr. en couleurs.*

587. Bougeant (R. P.). Exposition de la doctrine chrétienne. *Paris*, 1860, 2 vol. in-8, br. — Guizot. L'église et la société chrétiennes. *Paris*, 1861, in-8, d.-ch. v. — Doctrine du clergé de France, approuvée par le S. Siège, 1822, in-8, br.

588. Traité abrégé de la sainte volonté de Dieu, par un reli- gieux de la Val-Sainte de N.-D. de la Trappe. *Lyon, Rusand*, 1805, in-12, bas.

> A la page 91 commence le Manuel des Frères du Tiers-Ordre de la Trappe.

589. **Thomas Le Blanc**, *Provincial des Jésuites de Champagne.* Le Saint travail des mains ou la manière de gagner le ciel par la pratique des actions manuelles. Ouvrage utile aux religieux et à toute sorte d'artisans. Avec un traité pour converser avec les personnes mariées. *Lyon, Barbier, place de Confort*, 1669, 2 tom. en 1 gros vol. in-4, bas. *Livre très curieux.*

590. Strenna spirituale o sia esercizio di cristiana pieta.

Genova, 1815, in-16, texte encadré, 2 gravures, maroq. r.,
fil. et dentell., tr. dor. (*Rel. anc.*)

591. Alleaume, *Jésuite*. Les souffrances de Jésus-Christ, 1789,
3 vol. — Surin, *Jésuite*. Les fondemens de la vie spirituelle, 1703, 4 vol. — Croizet, *Jésuite*. Retraite spirituelle,
1694, 1 vol. — Duguet, *Prêtre forézien*. Explication de
l'ouverture du côté et de la sépulture de J.-C. *Brux.*,
1732, in-12, taché. *Ens. 6 vol. in-12, bas.*

592. **Rodriguez** (R. P.), *Jésuite*. Pratique de la perfection
chrétienne, trad. par Régnier des Marais. *Paris*, 1688,
3 tom. en 1 fort vol. in-4, v. m. *Vignettes de Chauveau.*

593. Horstius, *curé de Cologne*. Le Paradis de l'âme chrétienne. *Paris*, 1802, 2 vol. in-18, bas., dentell. *Joli frontisp. de Monnet.*

594. S. Cyprianus ad martyres et confessores, ad usum con-
fessorum ecclesiae Gallicanae. *Londini*, 1794. — S. Cy-
prien consolant les fidèles persécutés de l'église de
France, convainquant de schisme l'église constitution-
nelle, par l'abbé de La Hogue. *Londres*, 1797. *Ens. 2 ouvr.*
en 1 vol. in-12, bas.

595. **Richeome**, *Jésuite provençal*. L'Académie d'honneur
dressée par le Fils de Dieu au royaume de son église, sur
l'humilité opposez aux marches de l'orgueil. *Lille*, 1615,
gros vol., pet. in-8, parch.

> Brunet dans son *Manuel* cite une douzaine d'ouvrages
> curieux de cet auteur, mais n'a pas connu celui-ci, qui ne l'est
> pas moins.

596. Tradition de l'église sur l'institution des évêques.
Liège, 1814, 3 vol. in-8, br.

> Cet ouvrage est de l'abbé Robert de Lamennais et de son
> frère François.

597. Usser, *archevêque*. Opuscula : De Episcoporum et
Metropolitanorum origine. — De Asia proconsulari. —
Veteris ecclesiae gubernatio patriarchalis descripta. —
De antiqua ecclesiae Britannicae libertate et privilegiis.
Londini, 1687, in-8, v. f., fil.

> Cet ex. a appartenu à **Mgr Devie**, évêque de Belley.

598. Emile Ollivier. L'Eglise et l'Etat au concile du Vatican. *Paris*, 1879, 2 vol. in-12, d. ch. r.

599. Bossuet (Sermons de). *Paris*, 1772. 9 vol. in-12, portrait, v. m. *Armes de Bossuet dorées et répétées 4 fois sur le dos de chaque vol.*

> *On y joint :* Bossuet. Discours sur l'hist. univ. *Paris*, 1771, 2 vol. in-12, v. écaille, fil., tr. dor.

600. **Fénelon**. Œuvres. *Paris, Didot*, 1787, tomes 1 à 9, 9 vol. in-4 en gros caractères, v. racine, dentell., tr. dor. (*Rel. anc.*)

> Cette belle édition n'a jamais été terminée. Il faudrait 2 portraits au 1er vol.

601. Massillon. Petit Carème. *Paris, Lefèvre*, 1823, in-18, portrait, maroq. n., dentell. à froid, tr. dor. (*Rel. anc.*).

602. Sermons du P. Charles Frey de Neuville, jésuite. *Paris*, 1777, 8 vol., in-12, bas.

603. Maury (*le Cardinal*). Essai sur l'éloquence de la chaire. Panégyriques, éloge et discours. *Paris*, 1827, 3 vol., in-8, d.-v. f.

604. Félix (R. P.). Le Progrès par le Christianisme. *Paris*, 1856-1862-1863. 3 vol., in-8, br. *Le 1er d.-v.*

605. Mellier (*Abbé*). Méditations sur le sermon de N.-S. sur la montagne, par le Duc du Maine, fils légitimé de Louis XIV, avec notice historique. *Paris*, 1884, in-8, br.

606. Edouard (*Abbé*). Les Nouveaux Croisés ou mission et influence religieuse, morale et politique de la femme chrétienne en face de nos plaies sociales. *Lyon*, 1863, gr. in-8, br. *Gravures.*

607. Hohenlohe (*Prince-Abbé de*). Mémoires et expériences dans la vie sacerdotale et dans le commerce du monde. *Paris*, 1836, in-8, d.-v. r. *Portrait.*

608. **Lettres édifiantes** et curieuses écrites des Missions étrangères, écrites par des Pères de la Compagnie de

Jésus. *Paris*, 1780, 26 vol., in-12, bas. *Quelques fig. de Ransonnette.*

> Missions de la **Chine** et des **Indes**. Mémoires du **Levant**. Mémoires d'**Amérique**. Missions de **Californie**, [du **Paraguay**, de **Saint-Domingue**, du **Canada**...

609. Livres religieux. 8 vol., in-12, reliés ou br.
> Jager. Hist. de Photius. De Broglie. Vertus chrétiennes. Le pape, par S. Fr. de Sales. La voie douloureuse des papes, *etc.*

610. L'Invocation et l'Imitation des Saints pour tous les jours de l'année, par l'abbé Giraud. *Paris*, 1721, 4 part. en 2 vol., in-32, v. écorn., tr. dor. *Charmantes petites figures à toutes les pages.*

611. Vie de sainte Claire, par le P. Prudent de Faucogney, capucin, maître des novices au Comté de Bourgogne. *Paris*, 1782, in-12. bas.

612. Pascal-Darbins (*Abbé*). La vie et les œuvres de Marie Lataste, religieuse du Sacré-Cœur. *Paris*, 1863, 3 vol., in-8, br.

613. Roy (*Abbé*). Nouvelle histoire des Cardinaux Français *Paris*, 1785, 4 vol., in-4.
> Tomes I à IV seuls, avec 18 portraits gravés.

614. Chérot (R. P.), *jésuite*. Etude sur la vie et les œuvres du P. Le Moyne (natif de Chaumont), 1602-1671. *Paris*, *Picard*, 1887, gr. in-8, br. *Beau portrait gravé par Poilly.*

615. Henrion (*Baron*). Vie de Mgr Frayssinous. *Paris*, 1844. 2 vol., in-8, d.-bas. *Portrait.* — Artaud de Montor. Histoire de la vie et des travaux politiques du Comte d'Hauterive (*Dauphinois*, 1839, in-8, d.-bas. r.

616. Chazournes (R. P. de), *Jésuite*. Vie du R. P. Jos. Barrelle (*natif de La Ciotat*), jésuite. *Paris*, 1868, 2 vol. gr. in-8, br. *Portrait et fac-similé.*

617. Doncieux (*George*). Un jésuite, homme de lettres au xviie siècle. Le P. Bouhours. *Paris*, 1886, in-8, br.

618. Maynard (*Chanoine*). Mgr Dupanloup et M. Lagrange son historien. *Paris*, 1884, in-8, br.

619. Maynard (*Chanoine*). J. Crétineau-Joly, sa vie politique et religieuse, d'après ses mémoires... *Paris*, 1875, in-8, br. *Portrait*.

> Le poète. Le journaliste. L'historien politique. L'historien religieux. L'historien des sociétés secrètes. Sa conversion.

620. Lacordaire (R. P.). Lettres à Mme de La Tour du Pin, 1864. — Villemain. M. de Chateaubriand, sa vie, ses écrits, 1858. — De Falloux. Mme Swetchine. Journal de sa conversion. Méditations et prières, 1863. *Ens. 3 vol. in-8, br.*

621. Falloux (de). Correspondance du R. P. de Lacordaire avec Mme de Swetchine. *Paris*, 1864, gros in-8, br.

622. Livres religieux, 14 vol. in-12, br.

> Par Mgr Perraud, Ollé-Laprune, de Ségur, Féval, Aubineau, de Kersabiec, *etc*.

623. **Hélyot** (R. P.). Histoire abrégée et costumes coloriés des Ordres monastiques, religieux et militaires de l'un et de l'autre sexe. *Paris*, 1837, 2 vol., gr. in-4, cart.

> Curieuse édition peu commune ornée de 100 pl. contenant **300 costumes coloriés.** *Il faudrait 3 vol.*

624. Vincenzo Cartari. Le imagini de i dei de gli antichi. *Enoe Roinie* (?), 1581, pet. in-8, quelq. piqûres, bas.

> Ouvrage rempli de gravures sur bois.

625. **Maimbourg** (Louis). Les histoires. *Paris*, 1686. 12 vol., in-4, v. br. Reliure uniforme. *On y joint :* Les Entretiens d'Ariste et d'Eugène. *Paris*, 1671, in-4, v. écorné.

> Histoire de l'Arianisme. Histoire des iconoclastes. Histoire du schisme des Grecs. Histoire des Croisades. Histoire de la décadence de l'empire après Charlemagne. Histoire du grand schisme d'Occident. Histoire du Luthéranisme. Histoire du Calvinisme. Histoire de la Ligue. Traité de l'église de Rome et de ses évêques.
>
> *Tous ces vol. ont de superbes frontispices.*

626. **Flavius Joseph.** Histoire des Juifs, trad. par Arnauld d'Andilly. *Paris*, 1687, 2 vol., in-fol., v. *Grande carte et gravures.*

627. Dictionnaire des livres Jansénistes ou qui favorisent
le Jansénisme. *Anvers*, 1755, 4 vol., in-12, d.-v. f.
   Par les Pères Jésuites de Colonia et Patouillet.

628. Thomas Sherlock. L'Usage et les fins de la prophétie
dans les divers âges du monde. Avec 4 dissertations
(dont une sur l'Entrée triomphante de Jésus-Christ dans
Jérusalem). *Amst.*, 1733, in-8, v. m.

629. Vrindts (*Abbé*). La Croix de Migné vengée… présentée
comme une annonce des prochains malheurs de la France
Paris, Rusand, 1829, in-8, bas., dentell. *Plan et gravure.*

630. Boethii de consolatione philosophiæ. *Paris*, 1783, pet.
in-18, v.,fil., tr. dor. *Joli frontisp. avant la lettre.*
   Ex libris armorié Coquereau, médecin.

631. Charron. De la Sagesse. *Paris*, 1607, gros vol., pet.
in-8, vélin bl. *Il n'y a pas de frontisp. gravé.*

632. **La Rochefoucauld.** Sentences et maximes de
morale. — Maximes politiques de M. le maréchal de Bas-
sompierre. 2 part. en 1 vol. in-4, v.
   Manuscrit daté de 1663, époque contemporaine aux
   deux personnages ci-dessus.

• 633. — Même ouvrage. *Paris*, 1813, in-8, br. *Portrait gravé
par Choffard et fac-similé.*

634. — Le même. *Paris, Lefèvre*, 1822, in-8, br. *Beau portrait.*

635. (**Bouhours**, *Jésuite*). Pensées ingénieuses des anciers
et des modernes. *Paris*, 1689, in-12, v. f., triple fil., tr.
dor. (*Koehler*). *Edit. originale.*

636. La Bruyère (Les Caractères de). *Paris, Jannet*, 1854,
2 vol. in-18, percal. r., non rog.

637. (Helvétius). De l'esprit. *Paris*, 1758, in-4, v. m. *Edition originale.*

Histoire naturelle. — Médecine. — Sciences occultes. — Escrime. — Beaux-Arts. — Livres de droit.

638. Belèze. Dictionnaire universel de la vie pratique à la ville et à la campagne. 3ᵉ édit. *Paris*, 1867, fort vol., gr. in-8, d.-ch. v.

639. La Nouvelle Maison rustique ou économie générale de tous les biens de la campagne; la manière de les entretenir et de les multiplier. Avec la vertu des simples, l'apothicairerie (**la Pêche, la Chasse**. la cuisine, etc.). *Paris*, 1749, 2 gros vol. in-4, bas. *Gravures.*

640. Boitard. Le Jardin des plantes illustré. Description et mœurs des mammifères. *Paris, Dubochet*, 1845, fort vol. gr. in-8, br. *Nombreuses figures et planches.*

641. Quiqueran, de Beau-jeu, *Evesque de Senés, gentilhomme d'Arles*. La nouvelle agriculture. Ensemble la vertu d'un nombre de fleurs et divers traitez des couleurs et naturel des animaux. *Tournon*, 1616, gros vol., pet. in-8, titre un peu déchiré, mouill., parch.

> Ce vol. dédié à M. de Boches, baron de Baux, seigneur de Vers Céderon. etc...a été publié par **F. de Claret, archidiacre d'Arles.**

642. Miller. Dictionnaire des jardiniers; trad. par M. le Président de Chazelles: annoté par Holandre. *Paris*, 1785, 8 vol. in-4, taches au 2ᵉ vol., d.-bas.(Rel. anc.) *Planches.* — La Quintinye. Instruction pour les jardins fruitiers et potagers. Avec un traité des orangers. *Paris*, 1730,2 vol. in-4, v. *Avec gravures.*

643. Figuier. Les Merveilles de la science. — Photographie. Stéréoscope. Poudre. Artillerie. Armes à feu. Cuirassés. Pisciculture. *Paris*, 1869, gr. in-8, d.-ch. v., plats toile, tr. dor. *Illustré.*

644. De Mairan. Dissertation sur l'estimation et la mesure des forces motrices des corps. *Paris*, 1741, in-12, v. f.,fil.,

tr. dor. (*Rel. anc.*). — Dissertation physique à l'occasion
du nègre blanc. *Leyde (à la sphère)*, 1744, pet. in-8, bas.

645. **Drouot**. Notices sur les gites de houille et les terrains
des environs de Forges et de la Chapelle-sous-Dun et sur
les gites de manganèse et les terrains des environs de
Romanèche (S.-et-L.). *Paris, Impr. Imp.*, 1857, in-4.
Plus un Atlas de 7 grandes cartes coloriées.
> On y joint : Flachat. Barrault. Petiet. Traité de la fabrication
> de la fonte et du fer. 1844. 3 vol. in-4. *Sans les planches*

646. Fontenelle. Entretien sur la pluralité des mondes. —
De Lalande. Astronomie des Dames. *Paris, Janet et
Cotelle*, 1820, in-8, br. — Laplace. Exposition du système
du monde. *Paris, an IV*, 2 vol. in-8, bas.

647. De Maupertuis. Astronomie nautique. *Paris, Impr. roy.*,
1743. — Ip. Discours sur les différentes figures des astres.
Paris, 1742. *Frontispice tiré en vert.* Ensemble 2 vol.
in-8, v. f., fil., tr. dor.
> On joint : Dissertation sur la nature et propagation du feu.
> *Paris*, 1744, in-8, v. f.

648. Valson. La vie et les travaux du baron Cauchy, de
l'Acad. des sciences. *Paris*, 1868, 2 vol, in-8 br.

649. Guyon, *Dolois, sieur de la Nauche*. Le Cours de médecine. — Lazare Meyssonnier, *prof. au collège des médecins
de Lyon (né à Mâcon)*. Théorie de la médecine. — Guyon
et Meyssonnier. Le miroir de beauté et santé corporelle.
Lyon, 1671. 2 tom. en 3 part. en 1 vol. in-4, v. *Planches*.
> A la fin se trouvent 144 figures sur bois de plantes médici-
> nales.

650. **Massard**, *Docteur agrégé au collège des médecins de
Grenoble*. Panacée ou discours sur les effets singuliers
d'un remède expérimenté, pour la guérison des maladies
mêmes incurables. *Grenoble, chez l'auteur, rue Brocherie*,
1679. — Seconde partie du Traité des panacées... Avec
un traité des abus de la médecine ordinaire. *Grenoble*,
1680. — Lettre de M. de Blegny et Réponse de M. Massard.
Le tout en 1 vol., pet. in-12, v. écorné, tr. dor.

651. De Saint-Yvès, *chirurgien-oculiste de Saint-Côme*. Nouveau traité des maladies des yeux; remèdes et opérations. *Paris*, 1722, in-12, maroq. r., dos orné, tr. dor. (*Rel. anc.*)

652. Depierris (D^r). Le Tabac qui contient le plus violent des poisons, la nicotine, abrège-t-il l'existence? *Paris*, 1876, in-8 de 512 pag., br.

653. Pestalozzi, *médecin au collège de Lyon*. Avis de précaution contre la maladie contagieuse de **Marseille**. *Lyon*, 1721, in-12, bas., fil. *Croix de Lorraine au dos et aux angles*.

654. Constantin James. Guide pratique aux eaux minérales. *Paris*, 1852, in-8, d.-ch. — Bossu. Botanique (2e vol. seul comprenant *les plantes médicinales*), 1862, in-8, br.

655. Nicolardot. Histoire de la table, 1868, in-12, d.-ch. r. — Physiologie du goût, 1842, in-12, d.-v. f.

656. Thevenot. L'art de nager démontré par figures. *Paris*, 1696, pet. in-12, v. m. *Avec 33 pl. à l'eau-forte, au lieu de 41.*

   Quérard dit que les ex. complets sont bien rares.

657. Erasme. Stultitiae laudatio. — Th. Morus. De utopia. *Paris, Barbou*, 1777, 2 ouvr. en 1 vol. in-12, v. m., fil., tr. dor. *Frontisp. de Gravelot*. — Lucani pharsalia. *Paris, Barbou*, 1767, in-12, v. m., fil. tr. dor. *Aux armes du président Mazirot*.

658. Histoire des diables de Loudun ou de la possession des religieuses Ursulines et de la condamnation et du supplice d'**Urbain Grandier**, curé de Loudun; cruels effets de la vengeance de Richelieu. *Amst.*, 1716, in-12, v. *Frontisp. gravé*.

659. L'Albert moderne ou Nouveaux secrets éprouvés et licites. *Paris*, 1772, 3 part. en 1 vol. in-12, bas.
   Manière de blanchir les estampes. Moyen de faire revivre les couleurs des tableaux. Pour blanchir l'ivoire. Pour raccommoder les porcelaines. Destruction des punaises. Fabrication du vespetro. Nettoyage des broderies, etc...

660. Gougenot des Mousseaux. Mœurs et pratique des démons ou des esprits visiteurs du spiritisme ancien et moderne. *Paris*, 1865, in-8, br.

661. Sciences occultes. 6 vol. in-12, br.
L'Eternité dévoilée. Mystère du magnétisme. Révélations sur ma vie surnaturelle. L'Oracle de 1840. Prophéties de Nostradamus. La Franc-maçonnerie dévoilée.

662. **La Boëssière**. Traité de l'art des armes à l'usage des professeurs et des amateurs. *Paris*, 1818, in-8, br.
Bel ex. avec 20 grandes pl. gravées par Adam.

663. **Lhomond**, *amateur, élève de Texier de Laboissière*. La Xiphonomie ou l'art de l'escrime, poème. *Angoulème*, 1821, in-8, d.-bas. v.

664. **Chateauvillard** (*Comte de*). Essai sur le duel. *Paris*, 1836, gr. in-8, br., non coupé. Avec la couverture.
Livre très rare.

665. Mémoires de Brantôme, touchant les duels. *Leyde*, 1722, in-18, bas. — Baron de Poelnitz. La Saxe galante. *Amst.*, 1734, 2 tom. en 1 vol., in-18, v. f.

666. Winckelmann. Histoire de l'art chez les anciens. *Amst.*, 1766, 2 vol. in-8, v. *Jolies figures*.
Du style et des artistes étrusques. De l'art grec. Médailles. Pierres gravées. L'art égyptien, *etc.*

667. Boutard. Dictionnaire des arts du dessin. *Paris*, 1826, gros in-8, br.

668. Armengaud. Galeries publiques de Rome. *Paris*, *Lahure*, 1857, in-fol., d.-ch. bl., plats toile, tr. dor. *Belles illustrations*.

669. **Melchior de Vogué. Les églises de la Terre-Sainte**. *Paris*, *Didron*, 1860, gr. in-4, br.
Livre très rare, orné de 28 pl. hors texte, de 23 gravures s. bois et de 2 plans en chromo.

670. Boxhornii emblemata. *Amst.*, 1635, in-16, parch. *Curieuses gravures*.

671. Alciati emblemata. *Antuerp.*, 1574, in-16, timbre sur le titre, v. m. *Nombreuses grav. sur bois*.

672. **L'Illustration**. De l'origine 1843 à 1864, 44 vol. gr. in-fol. (l'année 1862 manque), d.-v. f. Reliure uniforme. *Illustrés.*

673. Galisset. Corpus juris civilis academicum Parisiense... (8ᵉ édition). *Paris, Cotelle*, 1867, fort vol., gr. in-4, d.-ch.

674. Toullier et Duvergier. Le droit civil français. *Paris, Cotillon, Renouard*, 14 tom. en 7 vol. in-8, d.-ch.

675. Delvincourt. Cours de code civil, 1834, 3 vol. in-4, d.-v. — Motifs et discours du Conseil d'Etat et du Tribunal sur le Code civil. *Paris, Didot*, 1841, 2 vol. gr. in-8, d.-v.

676. Rivière. Répétitions écrites sur le Code de commerce. 1868, gros in-8, br. — Boitard et Faustin Hélie. Leçons de droit criminel, 1867, gros in-8, br. — Bœuf. Résumé de droit administratif. 1870, in-12, br.

677. Marezoll. Précis d'un cours du droit privé des Romains, trad. par Pellat. *Paris*, 1852. gros in-8, br. — Demangeat. De la condition du fonds dotal en droit romain, 1860, in-8, br. — Bufnoir. Théorie de la condition en droit romain. 1867, in-8, br.

678 Sur les prisons. 7 vol. in-12. br., par Macé, Abbé Moreau, Berard des Glajeux, Silvio Pellico.
    Mes prisons. Mon musée criminel. Souvenirs de la petite et de la grande Roquette. Les passions criminelles. Le monde des prisons. Le service de la sûreté, *etc.*

679. Recueil général des pièces contenues au procez de M. le Marquis de Gesvres et de Mˡˡᵉ de Mascranni, son épouse. *Rotterd.*, 1714, 2 vol. in-12, d.-bas. *Procès pour cause d'impuissance.*

Classiques grecs et latins.

680. Anacréon, français-grec, et pièces anacréontiques, par P. P. Rable. *Paris, J. Claye*, 1865, gr. in-8, d.-maroq., tête dor., éb. *Belle édition.*

681. Théocrite (Idylles de), trad. en fr., avec texte grec en

regard. par Gail. *Paris, an IV*, 2 tom. en 1 vol. in-4,
taches de rouss. et mouill., d.-bas., écornés.
> Ornés de 10 belles gravures de Barbier et Boichot **avant la lettre.**

682. Homère. L'Iliade et l'Odyssée, trad. par Bitaubé. *Paris,
1780, 6 vol. in-8, bas. racine. Portrait d'Homère, et celui
de Bitaubé gravé par de S. Aubin. Plus la figure du bou-
clier d'Achille.*

683. — L'Iliade, traduction nouvelle. *Paris, Barbou,* 1776,
3 vol. gr. in-8, v. écaille, fil. *Jolies figures* **de Cochin.**

684. Plauti comoediae. *Paris, Barbou,* 1759, 3 vol. in-12,
v. f., fil.; tr. dor.
> Très jolie édition avec **3 figures d'Eisen.**

685. Horatii eclogae, cum scholiis veteribus... *Londini,*
1809, fort vol., gr. in-8, v. f., fil., tr. dor. *Edition remarquable.*
> **Ex. en grand papier** de la fameuse édition de Baxter, avec
> les notes de Gesner et de Zeune.

686. Horatii opera, *Parmae, ex regio typogr.,* 1793, in-8,
sur Hollande, bas. antiq., triple fil., tête dor., non rog.
> **Belle édition des Bodoni.** ,

687. Horatii opera. *Paris, Barbou,* 1775, in-12, v. m., fil.,
tr. dor. *Frontisp. gravé.*

688. Virgilii opera. *Paris, Barbou,* 1790, 2 vol. in-12, v.
racine, dentell., tr. dor. *Figures de Cochin.*

689. Virgile. Les Bucoliques, trad. en vers fr. avec texte en
regard par Bertholon de Pollet. *Paris,* 1832, gr. in-8,
taches de rouss., br.
> Le traducteur, ancien député de l'Ain, naquit au **château
> de Pollet,** commune de S. Maurice-de-Gourdans, en Dombes.

690. Virgilii opera. *Paris, Barbou,* 1767, 2 vol. in-12, v. m.,
fil., tr. dor. *Frontispice, figures et vignettes de Cochin.*

691. **Sallustii** opera. *Paris, Barbou,* 1761, in-12, frontisp. et figures de Cochin, maroq. rouge, dentell., tr. dor.
(Rel. anc.)

692. — Salluste, latin-franç., trad. par Beauzée. *Paris, Barbou*, 1769, in-12, avec carte, v. f., fil., tr. dor.

693. **Salluste** et Pline Second (en latin). *Paris, Lefèvre*, 1822, 3 vol. in-18, pap. vélin, maroq. bl., fil., tr. dor. (*Wynants*).

694. Terentii comoediae. *Lutet., Paris*, 1753, 2 vol. in-12, v. f., fil., tr. dor. *Figures et vignettes de Gravelot.*

695. **Ciceronis opera**. *Paris, Barbou*, 1768, 14 vol. in-12, v. f., dentell., tr. dor. *Portrait.*

> **Brunet**, « de 42 à 56 fr. Un bon texte, des notes rédigées avec une habile concision, et de plus, une impression soignée, ont assuré le succès de cette édition. »

696. **Ciceronis** Cato major (Seu de senectute). *Paris, Barbou*, 1758, in-124, maroq. r., fil. à compart., tr. dor. *Jolie reliure ancienne.*

> Microscopique, crné d'un beau portrait gravé par **Ficquet**.

697. Lucretii de rerum natura. *Lut., Paris, Coustelier*, 1744, in-12, v. m., fil. *Jolies figures de Van Mieris, gravées par Duflos.*

698. Suétone. Histoire des douze Césars, trad. par H. Ophellot de La Pause, avec texte latin en regard. *Paris*, 1771, 4 vol. in-8, d.-ch. r.

699. Classiques latins. *Editions Barbou*, 30 vol. in-12. v. m., *ou* v. f., fil., tr. dor.

700. Cornelii Nepotis vitae imperatorum. *Paris*, 1837, gr. in-8, texte encadré, dos et c. ch. r., fil, tr. dor. *Edition illustrée.*

701. Cornelius Nepos. — Du Cerceau (R. P.). Opera. — Lucani pharsalia. *Ens. 3 vol. in-12*, v.

702. Phaedri fabulae. *Paris, Barbou*, 1754, in-12, v. m., fil., tr. dor. *Frontisp. et vignettes de Fessard.*

703. Ovidii opera. *Paris, Barbou*, 1793, 3 vol. in-12, v. m., fil., tr. dor. *2 vignettes.*

704. — Même ouvrage. *Barbou*, 1762, 3 vol. in-12, v. m., fil., tr. dor. *3 frontispices d'Eisen.*

705. Titi Livii historiarum libri. *Paris, Barbou*, 1755, 7 vol. in-12, v. f., triple fil., tr. dor. *Joli portrait.*

706. — Les mêmes. 7 vol., v. m., fil., tr. dor. *Joli portrait.*

707. **Quinti-Curtii** de rebus gestis Alexandri Magni. *Paris, Barbou*, 1757, in-12, frontisp. et vignettes d'Eisen, maroq. r., dentell., tr. dor. (*Rel. anc.*)

708. — Même ouvrage, même édit., v. m., fil., tr. dor.

709. Tacite latin-franç., trad. de Panckoucke. *Paris*, 1843, 7 vol. in-8, br.
> Publiée à 42 fr. Excellente édition.

710. Taciti opera. *Paris, Barbou*, 1793, 3 vol. in-12, v. m., fil., tr. dor. *3 frontispices d'Eisen.*

711. Classiques. 5 vol. in-12 reliés (*et un broché*).
> Horace, Phèdre, Homère, Jules César, Thucydide.

712. Desbillons. Fabulae Aesopiae. *Paris, Barbou*, 1778, in-12 v. m., fil., tr. dor. *Frontispice gravé.*

713. Editions Barbou. 5 vol. in-12, v., fil., tr. dor.
> R. P. Vanière. Praedium rusticum (2 ex.). — R. P. Rapin. De hortis (2 ex.). — R. P. Sarbievius. Carmina.

Linguistique. — Littérature. — Poètes. — Romanciers. — Conteurs. — Théâtre.

714. **Du Cange**. Glossarium ad scriptores mediae et intimae latinitatis. *Paris*, 1733-36, 6 vol. in-fol., v. m. *Frontis. de Seb. Le Clerc et médailles.* — **Carpentier**. Glossarium novum ad scriptores medii aevi seu Supplementum ad auctiorem glossarii Cangiani editionem. *Paris*, 1766, 4 vol. in-fol., v. m., *Frontisp. gr. et planches.*
> Ces deux ouvrages sont d'un grand usage pour toutes les études qui se rapportent au Moyen Age. *300 fr. et plus, dit Brunet: vendu 416 fr. Labey.*

715. Wagner et Borgnet, *Jésuites*. Lexicon latinum. Universae phraseologiae corpus congestum... *Brugis*, 1878, gr. in-8, toile grise.

716. Morin. Dictionnaire étymologique des mots français
dérivés du grec. *Paris*, 1809, 2 vol. in-8, v. racine verte.
— Noel. Dictionnaire de la fable ou mythologie. *Paris*,
1810, 2 gros in-8, d.-v. v. *Frontisp. de Girodet.*

717. **Furetière**, *de l'Académie franç.* Dictionnaire universel contenant tous les mots français tant vieux que
modernes et les termes..... du manège, de l'art de faire
les armes, du blason, de la venerie, fauconnerie, pesche...
La Haye, 1690, 3 vol. in-fol., bas.

> Portrait de l'auteur gravé par **Edelinck**.

718. **Ménage**. Dictionnaire étymologique de la langue
française; avec les additions de divers auteurs et le dictionnaire des termes du vieux francois de Borel. *Paris*,
1750, 2 vol. in-fol., v. m.

> **Ex. de Buffon**, avec son nom sur les 2 titres et la date de
> 1750. — *(Brunet : de 30 à 40 fr.).*

719. Dictionnaire de l'Académie françoise (3ᵉ édit.). *Paris*,
1740, 2 vol. in-fol., v. m., triple fil.

> Bel ex., avec frontispice et vignettes de **Corneille**, gravé
> par **Mariette**. La vignette de la Dédicace est de **Coypel**,
> gravée par **Daullé** et **Audran**. *Sur le titre on lit: Acheté
> 72 fr. en 1792.*

720. — Le même (6ᵉ édition). *Paris, Didot*, 1835, 3 forts vol.
gr. in-4, d.-ch. vert, tr. peigne. *Dont un complément de
1856.*

721. — Le même. 3 vol. gr. in-4, bas. racine. *Dont un Complément de 1842.*

722. — Le même. 2 vol., gr. in-4, bas. racine. *Sans complément.*

723. Nodier (Ch.). Examen critique des dictionnaires de la
langue française. *Paris*, 1829, in-8, br.

724. **Pomai** (R. P.), *Jésuite, natif du Comtat-Venaissin.*
Le grand dictionnaire royal en trois langues, la Françoise,
la Latine et l'Allemande, expliquées chacune par les deux
autres. *Leipsig*, 1743, 2 vol. in-4, v. m. *Frontispice
gravé.*

725. **Mozin** (revu par Peschier). Dictionnaire allemand-français. *Stuttgart et Tubingen*, 1844-46, 2 tom. en un très gros vol. in-4, d.-maroq. rouge.

726. Lettres choisies de Guy Patin, docteur en médecine, dans lesquelles sont des particularitez historiques sur la vie et la mort des scavans de ce siècle, sur leurs écrits et autres choses curieuses. *La Haye, 1707*, 3 vol. in-12, v. *Portrait de l'aut.*

727. — Les mêmes. *La Haye*, 1715, 3 vol. in-12, v. *Édition sans portrait.*

728. **Il Petrarca**. In Lione per *G. di Tournes*, 1545, in-16, quelq. tach., v.

> Edition recherchée; la première donnée par. J. de Tournes.

729. Le Débat de deux demoyselles, l'une nommée la Noyre et l'autre la Tannée, suivi de la **Vie de S. Harenc** et autres poésies du xvᵉ siècle, avec glossaire. *Paris*, 1825, in-8, bradell., éb.

730. **La Fontaine**. Fables. *Paris, Bossange (Crapelet)*, *an IV, 1796*. 6 vol. in-18, pap. vélin, v. f., dentell., tr. dor.

> Bel ex. avec les jolies fig. de **Simon et Coiny**.

731. **La Fontaine**. Fables. *Paris, Didot*, 1787, 2 vol. in-18, pap. vél., maroq. r., gardes en soie, fil., tr. dor. (*Rel. anc.*)

> Ex. de de Bure. édition de la collection à l'usage du Dauphin.

732. — Les mêmes et commentaire de Ch. Nodier. *Paris*, 1828, 2 vol. gr. in-8, br. *12 gravures.*

733. — Les mêmes. *Paris*, 1769, 2 vol. in-12, bas ,écornés. *Gravures à mi-pages.*

734. — Les mêmes, 1759, 2 vol., in-12. v. *Figures barbouillées de couleurs.*

735. Walckenaer. Histoire de la vie et des ouvrages de La Fontaine. *Paris*, 1858, 2 vol. in-12, dos et c. mar. r., tr. marb. *Portrait.*

736. Voiture (Les œuvres de M. de). Lettres et poésies. *Imprimé à Bruxelles et se vend à Paris chez Aug. Courbé,* 1656, in-12, portrait et frontisp. gravé, maroq. v., triple fil., tr. dor.

737. Racine. Théâtre. — La Fontaine. Fables illustrées. — Le Sage. Gil Blas. *Ens. 3 vol.* in-12, reliés.

738. Malherbe (Poésies de), avec la vie de l'aut. *Paris, Barbou,* 1764, pet. in-8, v. m., fil., tr. dor. *Joli portrait.*

739. **Delille** (*Abbé*). Les Jardins, ou l'art d'embellir les paysages, poème. *Londres, Le Boussonnier,* 1801, gr. in-4, maroq. r., fil., larges dentell. et compartim., doublé de moire bleue, gardes en soie avec filets, tr. dor. *Reliure de l'époque.*

> Bel ex. en papier vélin fort, avec **la liste des souscripteurs.** *Edition inconnue à Brunet.*

740. Delille. La Conversation, poème. *Paris, Michaud, 1812,* gr. in-8, v. rouge, fil. *Belles figures de Girodet et autres.*

741. — Le même, bas., dentelles.

742. Delille. La Bruyère. Corneille. *Ens. 4 vol.* in-12, d.-ch.

743. Recueil de romances historiques, tendres et burlesques. tant anciennes et modernes, par M. D. L., s. L., 1767, in-8, v. f. *Frontispice d'***Eisen.**— *On trouve dans ce vol. la Chanson de M. La Palisse.*

> Il buvoit dans ses repas
> De bon vin de l'Hermitage,
> Et quand il n'en buvoit pas
> Son vin duroit davantage.

744. Elwart. Histoire de la Société des concerts du Conservatoire impérial de musique. 1860, in-12, d.-ch. r. *Portrait.* — Nérée-Desarbres. Sept ans à l'opéra, 1864, in-12, d.-ch. v.

745. Le Portefeuille de M. le Comte de Caylus. *Paris, Moniteur du Bibliophile,* 1880, in-4, vergé, teinté, br.

746. Legouvé. Le Mérite des femmes. *Paris, Didot, an IX,* in-12, d.-m. v., tête dor., éb. *Frontispice de Duplessis-Bertaux.*

747. Tasso (*Torquato*). La Ierusalem, de la version de Jean
Baudoin. *Paris*, 1632, gros vol. pet. in-8, piqué, titre
gravé et figures, v. f., fil., écorné.
> AUX ARMES DE LA COMTESSE DE VERRUE, avec l'indication de
> **Meudon** en lettres d'or sur les plats.

748. Cervantès. Histoire de l'admirable Don Quichotte de La
Manche, trad. par Filleau de S. Martin. *Paris*, 1825, 6 vol.
in-8, br. *Jolie édit., avec portrait et figures de Dévéria.*

749. Cervantès. Nouvelles. *Amst.*, 1713, 2 vol. in-18, quelq.
tach., figures, maroq. rouge, fil., tr. dor. (*Rel. anc.*)

750. Fénelon. Aventures de Télémaque. *Paris*, 1805, 2 vol.
in-12, bas. rouge, dentelles, tr. dor., *25 gravures.*

751. Le Sage. Histoire de Gil Blas. Lazarille de Tormès,
trad. par Viardot. *Paris*, 1846, in-4, taches de rousseur,
dos et c. ch. *Illustré par J. Gigoux et Meissonier.*

752. **Tressan** (Comte de), *lieut.-gén. des armées du Roi.*
Œuvres diverses. *Amst.*, 1776, in-8, maroq. r., fil., tr.
dor. (*Rel. anc.*)
> Réflexions sur l'esprit. Eloge de Maupertuis. Poésies, etc.

753. **Mortemart** (Mme de). Amusemens du jour ou Recueil
de petits contes dédiés à la Reine. *Liège*, 1781, in-18, dos
et c. maroq. r., fil., éb. (*Hardy*),

754. Joseph, par Bitaubé. *Paris, Didot*, 1797, 2 vol. in-18,
v., dentell., tr. dor.
> On y joint 7 vol. *éditions Cazin*, v., fil., tr. dor. Scarron. Fontenelle. La Rochefoucauld.

755. **Morel Vindé**. Zélomir. *Paris, Didot*, 1801, in-18,
pap. vélin, cart. de l'époque. Dans un étui en cart. ancien.
> Bel ex. avec 2 jolies fig. de Lefebvre.

756. Hékel. Récréations morales dédiées à Mme d'Orléans.
Paris, 1801, 2 vol. in-12, d.-bas. *2 jolies fig. non signées.*

757. Fielding. Tom Jones ou histoire d'un enfant trouvé.
Paris, 1833, 4 vol. in-8, br. *Avec 12 gravures de Moreau
le jeune hors texte.*

758. Dickens (Ch.). Le neveu de ma tante. *Paris*, 1851,
3 vol. in-8, taches de rouss., d.-ch.

759. Romans anglais traduits de Dickens, Bulwer, Wilkie
Collins, 12 vol. in-12, br., dont 3 d.-ch. r.
>L'abîme. La femme en blanc. Le petit Doritt. Qu'en fera-t-il ?
>*etc., etc.*

760. Flaubert (*Gustave*). 8 vol. in-12, reliés ou brochés.
>Madame Bovary. La tentation de S. Antoine. Salambo. Bouvard et Pécuchet. Correspondance.

761. Romans. 11 vol. in-12, br.
>Par Drumont, Topfer, A. Houssaye, Erckman-Chatrian, Ourliac, Jacob de la Cottière, etc.

762. Walter-Scott. 5 vol. in-8, reliés ou br., *avec gravures.*
>Ivanhoé. Quentin Durward. Waverley. Charles le Téméraire. Guy Mannering.

763. Romans. 13 vol. in-12, br.
>Par A. Karr, Mme de Girardin, comtesse Dash, J. Janin, H. Conscience, Gozlan, *etc.*

764. **Alexandre Dumas**. Œuvres diverses. *Paris,
Michel Lévy*, 1860, 42 vol. in-12, br.

765. Romans. 8 vol. in-12, reliés, d.-ch.
>Feydeau, Mery, de Plancy, Lecomte.

766. Reybaud. Jérome Paturot à la recherche de la meilleure
des républiques. — A la recherche d'une position sociale.
Paris, 1866-67, 2 vol. in-12, br.

767. Romans. 17 vol. in-12, br.
>Par Zola, About, Méry, Rochefort, *etc.*

768. Apulée. L'Ane d'or ou la Métamorphose, trad. de
Savalete. *Paris, Didot*, 1872, gr. in-8, br., dos brisé.
Nombreuses gravures de Racinet et Bénard.

769. **Cazotte**. Œuvres badines et morales. *Londres (Cazin)*,
1788, 7 vol. in-18, bas., fil. *Ornés d'une gravure à chaque
volume.*

770. (**De Prechac**). Désordres de la Bassette. Nouvelle
galante. *Suivant la copie à Paris*, 1682, in-16, maroq. r.,
tr. dor. *Ex-libris Armand Baschet.*

771. **Bussin-Rabutin** (*Comte de*). Histoire amoureuse
des Gaules. *Londres (Cazin)*, 1780, 6 vol. in-18, maroq.
rouge, triple fil., tr. dor. (*Rel. anc.*)

772. Corneille (*Pierre*). Œuvres, avec le commentaire de Voltaire et les observations de Palissot. *Paris, Didot,* 1801, 12 vol. in-8, d.-v. v.

   Edition complète dédié **au premier Consul.**

773. Corneille. Théâtre. — Racine. Théâtre. — La Fontaine. Fables illustrées. *Ens. 3 vol.* in-12, reliés.

774. **Molière.** Collection de 11 pièces diverses. *Suivant la copie imprimée à Paris (à la Sphère),* 1674-1679, 11 plaquettes in-18, parch. — **Corneille.** Cinq pièces diverses. *Paris (même édition),* 1663, 5 plaq. in-18, parch.

775. Genin. Lexique comparé de la langue de Molière et des écrivains du XVIIᵉ siècle. *Paris,* 1846, in-8, br.

776. Théâtre complet de Jean Racine, avec le commentaire de Laharpe. *Paris,* 1817, 5 vol. in-8. bas., dentell. *Portrait et figures de Moreau.*

777. Racine (*Jean*). Œuvres et mémoires sur sa vie, par Louis Racine. *Paris, Didot,* 1838, gr. in-8, d.-v. v. *Portrait.*

778. — Les mêmes. *Paris, Didot,* 1854, gr. in-8, d.-ch. v, *Portrait.*

Géographie. — Histoire ancienne. — Histoire de France jusqu'en 1793.

779. **De Laborde,** *premier valet de chambre du Roi et gouverneur du Louvre.* Essai sur l'histoire chronologique de plus de 80 peuples de l'antiquité. Composé pour l'éducation de Mgr le Dauphin. *Paris, Didot,* 1788, gr. in-4, v. granit, triple fil., tr. dor. (*Rel. anc.*)

   Cet ouvrage est du même auteur que celui dit des **Chansons de Laborde.**

780. Crevier. Histoire des empereurs Romains. *Paris,* 1818, 6 vol. in-8, bradell., non rog.

781. (Napoléon III). Histoire de Jules César. *Paris*, 1865,
2 vol. gr. in-8, br. *Avec un Atlas gr. in-fol.*

782. — Le même ouvrage. *Paris, Impr. impér.*, 1865, grand
in-fol., dos et c. ch. r. Portrait de César et autres.
Tome Ier seul.

783. Gibbon. Histoire de la décadence et de la chute de
l'empire romain. *Paris, Desrez*, 1837, 2 vol. gr. in-8, cart.

784. Tablettes géographiques pour l'intelligence des histo-
riens et des poètes latins. *Paris*, 1755, 2 vol. in-12, v. m.,
tr. dor.
Ouvrage recherché de Philippe de Prétot (*Quérard*).

785. **Bussières** (R. P. Jean de), *né à Villefranche*. Le
parterre historique ou abrégé de l'histoire universelle.
Lyon, 1681, 2 vol. pet. in-12, mouill., bas. *Frontispices
gravés.*
Aux armes de Vienne en Dauphiné.

786. Bouillet. Dictionnaire universel d'histoire et de géographie (20e édit.). *Paris*, 1867, fort vol. gr. in-8, d.-ch. v.,
plats toile.

787. Lapie. Atlas universel de géographie. *Paris*, 1829, gr.
in-fol., d.-mout. r. *50 grandes cartes.*
Cet atlas a coûté 150 fr. et 300 fr. en pap. vélin (*Brunet*).

788. Houzé. Atlas universel, historique et géographique.
Paris, 1849, in-fol., d.-percal. *101 cartes.*

789. Atlas départemental de la France et ses colonies,
publié par Michel, dressé par Lorrain, gravé par Dande-
leux. *Versailles*, in-fol. obl., d.-bas. *94 cartes.*

790. **Expilly** (*Abbé*). Dictionnaire géographique, historique et politique des Gaules et de la France. *Paris*, 1762-
1770, 6 vol. in-fol., v. m., le 6e est en bas. Bel ex.
Ouvrage estimé quoique inachevé. Il s'arrête à la fin de la
lettre S. Le 6e vol. est peu commun (*Brunet*).

791. Des Rues (*Fr.*). Description contenant toutes les sin-
gularitez des plus célèbres villes et places remarquables
du royaume de France. Avec les choses plus mémorables

advenues en iceluy. *Rouen,* 1611, in-12, dos et c. ch., tr.
peigne.

> Beau titre gravé, armorié, représentant Louis XIII et les
> 12 pairs. — Vues de villes gravées sur bois en médaillons,
> très naïves.

792. Ange de Sainte-Rosalie (*Relig. Augustin*). L'Etat de la
France. *Paris,* 1722, 5 vol. in-12, v. *Blasons gravés sur
bois.*

793. Simplicien (*Relig. Augustin-Déchaussé*). L'Etat de la
France. *Paris,* 1727, 5 vol. in-12, bas. *Blasons.*

794. Boulainvilliers (*Comte de*). Etat de la France. *Londres,*
1752, 8 vol. in-12, v., différ. dans la reliure. *Le tome V*
est tout moisi.

795. **Lemau de la Jaisse**. Abrégé de la carte générale
du Militaire de France sur terre et sur mer. Année 1735
(*2e vol. de la collection*), in-12, d.-bas. antique. *Incomplet
des 2 premières pages.* — Année 1738 (*4e vol.*), in-12, d.-
bas. antiq. *Incomplet des onze prem. pages.* — Année
1739 (*5e vol.*), in-12, v. m. — Année 1741 (*7e vol.*), in-12,
d.-bas. antiq., piqué des vers. *Avec blasons et figures des
étendards.*

795 *bis.* — En double 1739 et 1741, basane.

796. **Daniel** (R. P.), *Jésuite*. **Histoire de France**.
Paris, 1755, 17 vol. in-4, v. m., reliure uniforme. Les
2 dern. vol. sont *aux armes du comte de Toulouse.*

> Vaut de 70 à 80 fr. (*Brunet*).
> Un ex. similaire vendu 85 fr. vente Buhet.

797. (Morizot, d'Avallon). Le Sacre royal ou les droits de la
nation française reconnus et confirmés par cette cérémo-
nie. *Amst.,* 1776, 2 vol. in-12, parch. *Joli frontispice.*

798. **Leber**. Des cérémonies du sacre ou recherches historiques et critiques sur les mœurs, coutumes.... de l'ancienne monarchie. *Paris,* 1825, in-8, d.-v. r. *40 planches
de costumes et cérémonies.*

799. Boullier, *Garde du Corps de Monsieur*. Histoire des

divers corps de la Maison militaire des Rois de France.
Paris, 1818, in-8, br.

> Sergens d'armes. Gentilshommes au bec de Corbin. Mousquetaires. Gardes Françaises, Gardes du Corps, *etc.*

800. Poncelin de La Roche-Tilhac, *écuyer, conseiller du Roi
à la* **Table de Marbre**. Etat des cours de l'Europe et des
provinces de France pour 1785. *Paris*, 2 part. en 1 vol.
in-8, d.-v. r. *Blason.*

> *La seconde partie renferme :* L'Etat ecclésiastique, militaire,
civil, littéraire et municipal des provinces de la France.

801. — Le même pour 1788, in-8, v. m. (*Rel. anc.*)

802. — Le même, 1788, bas.

803. **Lacroix**. Vie militaire et religieuse au moyen âge et
à l'époque de la Renaissance. *Paris*, 1873, in-4, d.-ch. r.,
plats toile dorés, tr. dor.

> 14 pl. en chromo et 409 gravures.

804. Anna Marie. Jeanne d'Arc. *Paris, Debécourt*, 1841,
2 vol. in-8, br.

> Anna Marie est le pseudonyme de la comtesse E. d'Hautefeuille, née de Marguerye.

805. Gaillard. Histoire de François 1er. *Paris*, 1819, 5 vol.
in-8, d.-ch. r. *Portrait.*

806. L'Estoile. Journal des choses mémorables advenues
durant le règne de Henri III. *Cologne,* 1746, 4 vol. pet.
in-8, v. m. *Portraits.* — Description de l'isle des Hermaphrodites, pour servir de supplément au Journal de
Henri III. *Cologne,* 1724, pet. in-8, bas., fil. *Curieux
frontispice.*

807. Moreau (Sébastien), *de Villefranche en Beaujolais*. La
Prinse et délivrance du Roy, venue de la Royne, seur
aisnée de l'Empereur, et recouvrement des enfans de
France (les Daulphin et duc d'Orléans), 1524-1530, in-8
de 200 pag., cart.

> Chapitre complet extrait d'un ouvrage, probablement de
Cimber et Danjou.

808. Histoire de l'estat de France, tant de la république que
de la religion, sous le règne de François II. s. L., 1576,

gros vol., pet. in-8, parch. — Journal historique ou fastes du règne de Louis XV. *Paris*, 1776, pet. in-8, d.-bas. *Portrait.*

809. **L'Avancoureur** des oppressez de la France. *Imprimé à Niort par le sieur de la Quadrature*, 1616 — L'Héraclite parisien aux pieds du Roy, 1615. — Les regrets de Cendrin, 1615. — Cassandre Françoise. — Le bon Navarrois aux pieds du Roy. — Discours d'estat sur les alliances de France et d'Espagne, par I. B., *gentilhomme Champenois.* — Advertissement du sieur de Bruscambille sur le voyage d'Espagne, *taché.* — La rencontre de Henry le Grand touchant le voyage d'Espagne. — Le Prince absolu, 1617. — Mémoires de ce qui s'est passé en **Picardie** depuis le départ de leurs Majestez — Le bon ange de la France, addressé à la Royne, contre les perturbateurs de son repos, 1615. — Les terreurs paniques....

Ens. 12 pièces rares, en 1 vol. in-12, parch. *mouillé.*

810. Discours sur l'estat présent des affaires de France, au Roy. s. l., 1615, pet. in-8, cart. — Lettres du cardinal d'Ossat, *évesque de Bayeux*, au Roy Henry le Grand et à **M. de Villeroy.** *Paris*, 1627, très gros vol. pet. in-8, parch. *Portrait du cardinal.*

811. Galitzin (*le Prince Augustin*). Lettres inédites de Henri IV. *Paris, Techener*, 1860, gr. in-8, pap. verg , br.

812. Mémoires du Duc de Sully. *Paris, Et. Ledoux*, 1822, 6 vol. in-8, br. *Portrait.*

813. Guise (Mlle de). Les Amours du grand Alcandre, suivis de pièces intéressantes pour servir à l'histoire de Henri IV. *Paris, Didot*, 1786, 2 vol. in-18, pap. vélin, bas., dentell.

Ouvrage de **Louise-Marguerite de Guise**, fille du duc de Guise *le Balafré* et de Catherine de Clèves. Elle naquit en 1574 et épousa le prince de Conti.

814. Amelot de La Houssaye. Mémoires historiques et littéraires. *Amst.*, 1737, 3 vol. in-12, v.

Dissertations sur le Sacre des Rois, Epernon, La Valette, Feuquières, François de Bonne, Bellièvre, Camus, *évêque de Belley*, Louvet, Coligny, *etc.*

815. Estat général des officiers domestiques et commençaux de la Maison du Roy, de la Reine et de M. le duc d'Anjou, qui doivent jouïr des privilèges. *Paris*, 1652. — Estat de la despense des **escuries du Roy.** — Estat que le Roy ordonne estre fait pour la despence de la **grande Fauconnerie et oyseaux** de son cabinet. 1651. — Maison de la Reyne Régente. Estat du payement des gages aux Seigneurs, Dames, Damoiselles.... 1650. — Estat des officiers de la maison de Mgr le duc d'Anjou. 1652. — Ordre et reglement qui doit estre tenu en la maison du Roy. 1651.

Le tout en 1 vol. pet. in-8, parch.

816. Lettres de Messire Roger de Rabutin, comte de Bussy, lieut.-gén. des armées du Roi, mestre de camp de la cavalerie française et étrangère. *Amst.*, 1751, 6 vol. in-12, v. m. *Portrait.*

Lettres à Mme **de Grignan**, à M. **de Colligny**, à la comtesse de **Guiche**, à la duchesse de **Villeroi**, à la marquise de **Villeroi**, à la maréchale de **Villeroi**, *etc.*

817. Mémoires de MM. de Bellièvre et de Sillery. *Paris*, 1676, 2 vol. pet. in-12, v. *Portrait d'Henri IV.*

Sur les titres on lit: *J'appartiens à M. de Genelines, évêque de Limoges.* — On trouve dans ces vol. la correspondance entre M. de Bellièvre et M. de Villeroy.

818. **Motteville** (Mme de). Mémoires pour servir à l'histoire d'Anne d'Autriche, épouse de Louis XIII, par une de ses favorites. *Amst.*, 1723, 5 vol. in-12, maroq. r., triple fil. et ornements dans les angles, tr. dor.

Belle reliure ancienne.

819. Tallemant des Réaux. Les historiettes. Mémoires pour servir à l'histoire du XVIIe siècle, publ. par Monmerqué. *Paris*, 1840. 10 tom. en 5 vol. in-12, d.-bas. r. *Portraits.*

Sottisier historique, vraiment curieux (*Brunet*.

820. Mémoires de Henry de La Tour d'Auvergne, duc de Bouillon, adressez à son fils, le prince de Sédan. *Paris, en la boutique de Langelier*, 1666, in-12, v.

821. Gallois. Lettres inédites de Feuquières, tirées des

papiers de famille de la duchesse Decazes. *Paris*, 1845,
5 vol. in-8. br., mouillés.

822. **Bussières** (Jean de), *Jésuite, natif de Villefranche*.
Panegyricus Regis. *Lugduni*, 1664, in-fol. de 20 pag.,belles
marges. *Rare*.

823. Mémoires du sieur de Pontis, qui a servi dans les
armées 46 ans, sous Henri IV, Louis XIII et Louis XIV.
Paris, 1715, 2 vol. in-12, v.

824. Clément (*Pierre*). La police sous Louis XIV. *Paris*,
1866, in-8, d.-ch. r., tr. peigne. — Mémoires du marquis
de Pomponne, par Mavidal. *Paris*, 1860, in-8, d.-ch. v.

825. Le Roi. Journal de la santé du roi Louis XIV, écrit
par ses trois premiers médecins. *Paris*, 1862, in-8, d.-ch. r.

826. Désormeaux. Histoire de Louis de Bourbon, Prince de
Condé. *Paris*, 1766, 4 vol. in-12, v. m. *Portrait et grands
plans de sièges et de batailles*.

827. **Larrey** (de). Histoire de France sous le règne de
Louis XIV. *Rotterd.*, 1722, 9 vol. in-12, maroq. r., triple
fil. et ornements dans les coins, tr. dor. (*Rel. anc.*)
Bel exemplaire avec portraits gravés.

828. **Pasquier** (*Estienne*). Les Œuvres, contenant ses
Recherches de la France, ses Epigrammata... ses Lettres,
etc. *Amst.*, 1723, 2 vol. in-fol., v. f., triple fil. *Bel exemplaire*.
C'est la meilleure édition.

829. Favre (L.). Pasquier, chancelier de France. Souvenirs
de son dernier secrétaire. *Paris*, 1870, in-8, br. *Portrait*.

830. Bonhomme (*Honoré*). Correspondance inédite, Journal
et Mémoires de Collé sur les événements du règne de
Louis XV. *Paris*, 1864-1868, 4 vol. in-8, br. *Sans le portrait ; avec fac-similé*.

831. Baschet (*Armand*). Le Duc de Saint-Simon, son cabinet et l'historique de ses manuscrits. *Paris*, 1874, gros
vol. in-8, br. *Avec une eau-forte*.

832. Mémoires complets et authentiques du duc de **Saint-Simon** sur le siècle de Louis XIV et la Régence. *Paris, Hachette,* 1865, 13 vol. in-12, d.-bas. bleue.

833. Campardon. Journal de la Régence, par Jean Buvat. *Paris,* 1865, 2 vol. in-8, br.

834. Broglie (*Duc de*). Frédéric II et Louis XV. *Paris,* 1885, 2 vol. in-8, d.-ch. v.

   Ex. rogné tout de travers. **Quelle reliure!!!**

835. Rousset (*Camille*). Correspondance de Louis XV et du maréchal de Noailles. *Paris,* 1865, 2 vol. in-8, br. — Jobez. La France sous Louis XV. 1866, 2 vol. in-8, br. *Tomes 2 et 3.*

836. Duc de Noailles, *Maréchal de France.* Mémoires politiques et militaires pour servir à l'hist. de Louis XIV et de Louis XV. *Paris,* 1777, 6 vol.in-12, v. m.

   Publication de haute curiosité, de l'abbé Millot, *Franc-Comtois.* Elle offre le dépouillement de 200 vol. in-fol. de pièces originales et renferme des lettres intéressantes de la Princesse des Ursins, du roi d'Espagne, de Louis XIV.....

837. **Recueil de Maurepas.** Pièces libres, chansons, épigrammes et autres vers satiriques sur divers personnages des siècles de Louis XIV et Louis XV, accompagnés de remarques curieuses du temps. *Leyde,* 1865, 6 vol. in-18, sur Hollande, br.

   Choix fait avec goût... (*Brunet. Supplém.*)

838. Boutaric. Correspondance secrète inédite de Louis XV sur la politique étrangère. *Paris,* 1866, 2 vol. in-8, br.

839. **Etat militaire** de France, par de Roussel et Montandre. Année 1771, 1776, *non rogné,* 1779, 1780, 1782, 1783, 1784, 1785, *non rogné.* 1786, 1788, 1789. *Ens. 11 vol.* in-18 reliures variées en bas.

840. — En double 1782, 1785, 1786, 1788.

841. (Abbé de Montgaillard). Revue chronologique de l'histoire de France depuis la première convocation des Notables jusqu'au départ des troupes étrangères. 1787-1818. *Paris,* 1820. in-8 de 835 pag., br.

842. Etrennes à ma bonne amie ou Nouveau maraudage du petit Houzard, suivi d'une lorgnette philosophique. *Paris* (1781). — Almanach du sort ou recueil de nouveaux oracles, par Desroches, 1754. — Almanach des Dames, 1757. — Etrennes militaires, 1820. — Le petit théâtre de l'univers, 1812. — Etrennes mignonnes, 1763. *Ens. 6 vol. in-64*, br. rog. ou en maroquin.

843. (Chazot de Nantigny). Tablettes de Thémis, contenant la succession chronologique avec le blason des armes des Chanceliers, Gardes des sceaux, Sur-Intendans, Contrôleurs, Directeurs des finances, Intendans des provinces, Maîtres des requêtes, Présidents, Avocats.... *Paris*, 1755, 2 tom. en 1 vol. in-16, v. *Rare.*

844. Histoire de France (*Sur l'*). 9 vol. in-8, br.
> Gaillard. Hist. de Charlemagne, *2 vol.* Regnault. Hist. de huit ans, *3 vol.* Hardouin de Perefixe. Hist. d'Henri IV. Fiévée. Session de 1816. Hénault. Œuvres inéd.

845. Mémoires de la baronne d'Oberkirch, publiés par le comte de Montbrison. *Paris, Charpentier*, 1853, 2 vol. in-12, d.-v. f. *Fac-similé.*
> Ces Mémoires sont un tableau réel de la vie intime et de la vie du monde avant 1789. Récits détaillés et exacts.

846. Mémoires de la margrave d'ANSPACH, écrits par elle-même... anecdotes sur les princes et personnages célèbres de la fin du XVIII⁰ siècle, trad. par Parisot, *Paris*, 1826, 2 vol. in-8, d.-bas. *Portraits.*
> L'auteur est **Milady Craven**, née Berkeley, *pairesse* d'Angleterre, depuis margrave d'Anspach, née en 1750.

847. **Calendrier de la Cour,** *Imprimé pour la Famille royale.* Années 1755, 1765, 1774, 1775, 1786, 1787, 1789, 1790. *Ens. 8 vol.* in-16, dont 2 br., rog., les autres en maroq. rouge ou vert, avec dent., tous tr. dor. (*Rel anc.*)

848. — Calendrier de la Cour. Année 1791. — Almanach royal. Année 1791. — Etrennes mignonnes, curieuses et utiles. Année 1791. — *Ens. 3 ouvr.* en 1 vol. in-16, maroq. rouge, tr. dor. (*Rel. anc.*)

849. Nicolardot (*Louis*). Journal de Louis XVI. *Paris*, 1873, in-12, br. *Sur Hollande.*

850. — Le même. Papier Whatman, br.

851. Sur Louis XVI. 4 vol. in-12, br.
> Souvenirs d'un page de la Cour de Louis XVI. *Taché.* — Ed. Biré. Les défenseurs de Louis XVI. — Quatre femmes au temps de la Révolution. — Cabanès. — Le Cabinet secret de l'histoire.

852. Feuillet de Conches. Louis XVI, Marie-Antoinette et Mme Elisabeth. Lettres et documents inédits. *Paris*, 1864, 4 vol. in-8, br. *Portraits et fac-similés.*

853. Lescure (de). Marie-Antoinette et sa famille. *Paris, Ducrocq*, fort vol., gr., in-8, br. Avec 10 gravures. *Un clou a percé la marge des 20 dernières pages.*

854. Maria Theresia und Marie-Antoinette. *Leipzig*, 1866, in-8, d.-ch., avec fac-similés. *Le titre et l'introduction sont seuls en allemand ; toute la correspondance de ces deux Princesses est en français.*

855. — Le même ouvrage 1865, *débroché.*

856. Vogt d'Hunolstein. Correspondance inédite de Marie-Antoinette. Avec le Supplément. *Paris*, 1864, in-8, br. — A. de Courtois. Lettres de Mme de Villars à Mme de Coulanges. *Paris*, 1868, in-8, br.

857. Révolution. 7 vol. in-12, br.
> La prise de la Bastille. Les Carnot. Les Cathelineau. Jean poigne-d'acier. L'armée royale en 1789, *etc.*

858. **Camille Desmoulins.** Révolutions de France et de Brabant, de 1789 à 1791, 104 n^{os} d'environ 45 pages chacun in-8. Ens. 8 vol., in-8, cart., non rognés. (*Complet.*)
> La rédaction de ce journal est vive, spirituelle ; la tournure en est aisée et élégante. A chaque page se rencontrent de vives attaques, de fines railleries contre la royauté et ses partisans et les adversaires de Camille Desmoulins. (*Note du Catal. La Bedoyère*)
>
> **Très curieuses gravures.**

859. Un an de la vie de Louis-Philippe Ier écrite par lui-

même ou Journal authentique du duc de Chartres 1790-1791. *Paris*, 1831, in-8, cart., non rog. *Timbre sur le titre*
— Vie politique de L.-Ph.-Jos. d'Orléans-Egalité, prince du sang, membre de la Convention. *Paris*, 1832, in-8, br.

860. **La Constitution Française**, présentée au Roi. *Paris, Imprim. Nationale*, 1791, pet. in-12, pap. vélin fort, maroq. r., dentell., tr. dor. (*Rel. anc.*)

861. — Le même ouvr., in-32, maroq. r., tr. dor., anc. rel. *Carte coloriée*.

862. Tocqueville (Al. de). L'ancien régime et la révolution. *Paris*, 1856, in-8, d.-ch.

> Le nom de l'auteur recommande cet ouvrage à tous ceux qui désirent connaître et apprécier les causes plus ou moins immédiates de la Révolution de 89. (*Guigard.*)

863. — *Un bis*, d.-ch., v., dos orné.

864. Tableau des prisons de Paris sous le régime de Robespierre. *Paris, s. d.*, in-18, d.-v. *Frontispice.*

> Ouvrage en vers et en prose très intéressant. *Il y a une transposition.*

865. **Procès-verbal** et protestations de l'assemblée de l'ordre le plus nombreux du royaume. (Ordre des c...). S. *l. n. d.*, plaq. in-8 de 32 pag., d.-perc., non rog. *Renfermant la liste des princes, marquis, comtes, ducs et barons qui en font partie.*

> **Pièce rare, dit Paul Lacroix**. — Plaisanterie très gaie et très impertinente à l'occasion des Etats-Généraux de 1789. Curieux procès-verbal donnant une liste d'environ 350 noms de notabilités de l'époque. (*F. Drujon.*)

866. **Etat militaire** de la Garde Nationale de France pour 1790. Etat nominatif des Officiers et Bas-Officiers, des troupes patriotiques de Paris et de toutes les villes du royaume ; la couleur de l'uniforme, l'empreinte des boutons, l'emblème et les devises des drapeaux, par une société de Patriotes. Pet. in-12, de 115 + 489 pag., d.-bas antiq. *A la fin il y a fin de la 1re partie.*

> Petit livre rare auquel on a ajouté: l'Etat militaire des **Volontaires de la Bastille**, *12 pages.*

867. Histoire de France. Lot de 13 vol., in-8, reliés ou br.
Mémoires de Morellet. Tablettes chronologiques. Nettement:
Critique des Girondins de Lamartine. D'Haussonville. Politique
extérieure. Hello. Philosophie de l'hist. de France. Louis XVI.
Réflexions sur mes entretiens avec le duc de La Vauguyon, etc.

868. Louvet (J.-B.), *Proscrit en 1793.* Quelques notices pour
l'histoire, et le récit de mes périls depuis le 31 mai 1793.
Paris, l'an IIIe, in-8, d.-bas.

869. Anecdotes secrètes sur le 18 Fructidor et nouveaux
mémoires des déportés à la Guyane... Relation de l'éva-
sion de Pichegru, Barthélemy, Ramel... *Paris, an VII,*
in-12, d.-bas. *Gravure.*
Page 116, on trouve le Tableau des prisons de Rochefort.

870. Arnould. Histoire générale des finances de la France.
Paris, 1806, in-4, d.-v. f. — Collection de comptes ren-
dus, pièces authentiques, états et tableaux concernant les
finances de France. *Paris,* 1758, in-4, d.-bas. *Et 5 autres
vol. in-4, v. m. de MM. Necker et de Calonne sur les
finances.*

Histoire de France depuis le Directoire jusqu'à nos jours.

871. Lanfrey. Histoire de Napoléon Ier. *Paris, Charpentier,*
1867, 5 vol. in-12. dos et c. percal., éb.

872. **Almanach** de la Noblesse de l'Empire français pour
1809, in-32, br., rog. *Rare.* — Almanach ecclésiastique
de France pour 1809, in-18, br. — Le Bon Français.
Almanach universel pour 1834, in-18, br.

873. **Mémoires de Bourienne,** sur Napoléon, le Directoire, le Consulat, l'Empire et la Restauration. *Paris,
Ladvocat,* 1829, 10 vol. in-8, d.-bas. *Taches de rousseur
et autres.*

874. Pallain. La Mission de Talleyrand à Londres en 1792.—
Correspondance inédite de Talleyrand et de Louis XVIII.
Paris, 1881-89, 2 beaux vol. in-8, br. *Portrait.*

875. Mémoires sur le Consulat, 1799 à 1804, par un ancien conseiller d'Etat. *Paris*, 1827, in-8, br.

> L'auteur est Thibaudeau, Conventionnel, plus tard préfet de Bordeaux et de Marseille, ensuite exilé comme régicide.

876. Broc (*Vicomte de*). La vie en France sous le premier empire. *Paris*, 1895, in-8, br.

877. Maze-Sencier. Les fournisseurs de Napoléon Ier et des deux impératrices. *Paris*, 1893, gr. in-8, br.

> Etudes sur les costumes et les étiquettes de la cour; les manufactures de Sèvres, d'Aubusson et des Gobelins, etc.

878. Tisset. Vie privée du général Buonaparte, sa captivité, son élévation au généralat, historique de ses campagnes, analyse de ses victoires, anecdotes, etc. *Paris, an IV... 1798*, in-18, d.-bas. *Portrait en pied*.

879. **Almanach de la Cour de France**. Almanach de la cour, de la ville et des départements. *Paris, Le Fuel ou Janet*, 15 vol. in-32, maroq. r., dent., tr. dor. Tous dans des étuis en maroq. r., dentell. (sauf un). *Très jolies gravures*.

> Années 1810, 1811, 1813, 1816, 1817, 1820, *id.*, 1821, 1822, *id.*, 1823, 1825, 1823, *id.*, 1827.

880. **Almanach de la Cour**, de la ville et des départements. 8 vol. in-32, cart., tr. dor., et 5 vol. in-18, br., rog. *Ens. 13 vol., jolies gravures*.

> Années 1810, 1811, 1815, 1821, 1825, 1828, *id.*. 1830, 1848, 1859, 1860, 1861, 1863.

881. Turquan. Les Sœurs de Napoléon, la reine Hortense. L'impératrice Joséphine. La générale Bonaparte. *Paris, Libr. illustr.*, 4 vol. in-12, br. *Portraits*.

882. Sor (*Charlotte de*). Napoléon en Belgique et en Hollande. *Paris*, 1839, 2 vol. in-8, br., dos brisés.

> Cet ouvrage est de la comtesse Eilleaux, née Désormeaux, plus connue en littérature sous son pseudonyme de Charlotte de Sor.

883. Peyrault-Meynand. Histoire et généalogie des quatre branches de la famille Bonaparte, depuis 1183 à 1855. *Lyon, Périsse*, 1855, in-8, d.-ch. v.

> Avec un **grand arbre généalogique** collé sur toile et plié dans un étui, gr. in-8, d.-ch. r. *Très rare*.

884. Thouvenet. Le Secret de l'empereur. Correspondance confidentielle inédite. *Paris*, 1869, 2 vol. in-8, br.

885. Sur Napoléon Ier. 8 vol., in-12, br.

Mémoires de Mlle Avrillon. Autour des Bonaparte. Napoléon à Sainte-Hélène. Le divorce de Napoléon. L'empire, les Bonaparte et la cour, *etc*.

886. Frédéric Masson. Napoléon et les femmes. L'amour. *Paris*, 1894, gros in-8, débroché.

887. Pichot (*Amédée*). Napoléon à l'île d'Elbe. Chronique des événements de 1814 et 1815, d'après le journal du colonel Neil Campbell, etc. *Paris*, 1873, in-8, br., dos brisé. *Gravure*.

888. Fleury de Chaboulon. Les Cent Jours. Mémoires pour servir à l'histoire de la vie privée, du retour et du règne de Napoléon en 1815. *Londres*, 1820, 2 vol. in-8, bas.

889. Bertrand (P.) Lettres inédites de Talleyrand à Napoléon. *Paris*, 1889, in-8, br. *Portrait de Talleyrand*. — Sir Lytton Bulwer. Essai sur Talleyrand, trad. par G. Perrot, *Paris*, 1868, in-8, br.

890. Wolseley (*Maréchal*). Le déclin et la chute de Napoléon. *Paris*, 1894, in-8, br. *Portrait, cartes et plan*. — Le dernier des Napoléon. *Paris*, 1874, in-8, br.

891. Collot (J.-P.). La chute de Napoléon, poème. *Paris*, 1846, gr. in-8, portrait sur acier, d.-v. f. *Homm. de l'aut. au Marquis de Dampierre*.

892. Firmin Didot. La Captivité de Sainte-Hélène, d'après les rapports inédits du Marquis de Montchenu. *Paris*, 1894, in-8, br. *8 gravures*.

893. Mémoires de Mlle Avrillon, première femme de chambre de l'impératrice sur la vie privée de Joséphine, sa famille et sa cour. *Paris*, 1833, 2 vol. in-8, d.-bas. *Portrait et fac-similés*.

894. Mémoires du **duc de Rovigo** pour servir à l'histoire de l'empereur Napoléon. *Paris*, 1829, 8 tom. en 4 gros vol., in-8, taches de rouss., d.-bas. *Portrait et gravures*.

Édition publiée au prix de 60 fr. (*Quérard*.)

895. Fain (*Baron*). Manuscrit de 1813, 2 vol. — Manuscrit
de 1814, trouvé dans les voitures impériales à Waterloo,
1 vol. *Paris*, 1825, 3 vol., in-8, d.-bas. *Cartes et plans*.
> Ouvrage impartial, l'un des plus intéressants qui aient été
> publiés sur cette époque.

896. Mémoires, correspondance et manuscrits du **Général
Lafayette**, publiés par sa famille. *Paris*, 1837, 6 vol.
in-8, d.-v. gris. *Complet*.
> Dans ces Mémoires on trouve un aperçu fort curieux de
> Lafayette sur le caractère politique et militaire de Napoléon.

897. Mémoires de Constant, premier valet de chambre de
l'empereur sur la vie privée de Napoléon, sa famille et
sa cour. *Paris, Garnier*, 4 vol., in-12, br.

898. Blanc (*Alb.*). Mémoires politiques et correspondance
diplomatique de J. de Maistre, avec commentaires historiques. *Paris*, 1859, in-8, d.-v.

899. Méneval (*Baron de*). Mémoires pour servir à l'histoire
de Napoléon Ier. *Paris*, 1894, 3 gros vol., in-8, d.-ch. v.
Portraits.

900. Martin Doisy. Manuscrit inédit de Louis XVIII et examen de la vie politique. *Paris*, 1839, in-8, br. *Portrait et
fac-similé*. — De Barante. Lettres et instructions de
Louis XVIII au Comte de S. Priest. 1845, in-8, br.

901. Lacroix (*Clément de*). Souvenirs du Comte de Montgaillard, agent de la diplomatie secrète pendant la Révolution, l'Empire et la Restauration. *Paris*, 1895, in-8, br.

902. Etrennes militaires pour 1819. *Paris et Lyon*, in-64,
br., rog. *Avec une carte*. — Messager de la cour de Charles X pour 1827, in-64, br., rog. *Portraits en pied sur bois*.
— Annuaire militaire, 1825, in-8, br.

903. Hocquart. Le Duc de Berry ou vertus et belles actions
d'un Bourbon. *Paris*, 1820, in-4, non rogné.
> **Suite de 11 belles gravures de Jazet à la manière
> noire**. Plus le portrait du duc de Berry et celui de Marie-
> Caroline, tenant dans ses bras le duc de Bordeaux.

904. Affaires judiciaires 1820-1821. 7 pièces, en 1 vol. in-8,
bradelle.

> Dupin. Réplique pour le chevalier Desgraviers, légataire du
> Prince de Bourbon-Conti, contre le roi, en la personne de son
> procureur. — Arrêt de la Cour *condamnant le Marquis de Lau-
> riston, représentant du Roi.* — Pièces et documents relatifs au
> procès de M. Madier de Montjau, *etc.*

905. (Gaëtan de Raxis de Flassan, *natif du Comtat-Venaissin.*) Histoire du Congrès de Vienne. *Paris*, 1829, 3 vol.,
in-8. d.-ch. bl.

906. **Lubis.** Histoire de la Restauration, 1814-1830. *Paris*,
1837, 6 vol., gr. in-8, br.

907. **Calendrier de la Cour...** Imprimé pour la famille
royale et la Maison de Sa Majesté. Années 1810, 1824,
1829, 1830, 4 vol., in-16, maroq. rouge, dentell., tr. dor.
(*Rel. anc.*).

> Ce lot pourra être divisé.

908. Dermoncourt (*Général*). La Vendée et Madame. 1833,
in-8, d.-bas. *Gravure.* — Genoude. Voyage dans la Vendée et le midi de la France, 1821, in-8, bas.

909. Mémoires de **M. Dupin.** Souvenirs du barreau. Car-
rière politique. Souvenirs parlementaires de 1827 à 1833.
Paris, 1855, 4 vol., in-8, br. *Ornés de fac-similé d'auto-
graphes.*

910. Biré (*Edm.*). Mémoires et souvenirs. La Révolution,
l'Empire et la Restauration. *Paris*, 1895, in-8, br.

911. Souvenirs de **M. Berryer**, doyen des avocats de
Paris. *Paris*, 1839, 2 vol., in-8, br. — Martin du Theil.
Le livre terrible. *Paris*, 1842, in-8, br.

912. Pandémonium français. Almanach Charivarique de
l'Ante-Christ pour l'an de Satan 46. Calendrier omnibus,
1846, in-12, br. — Satan. Biographie satirique de la Chambre des Députés, 1846-1851. In-32, d.-v. r.

913. Billault de Gérainville. Histoire de Louis-Philippe.
Paris, 1870, 2 vol., in-8, d.-bas r.

914. Bourbons et d'Orléans. 9 vol., in-12, br.

> Les derniers Bourbons. Les d'Orléans. Les secrets des Bourbons. Lettres du duc d'Orléans. Lettres sur l'aristocratie. Récits de campagnes du duc d'Orléans. La Noblesse avant et depuis 1789...

915. Trognon (*Aug.*). Vie de Marie-Amélie, reine des Français. *Paris*, 1871, in-8, br., dos brisé.

916. **Guizot.** Mémoires pour servir à l'histoire de mon temps, 1807-1848. *Paris*, 1858, 8 vol., in-8, br. Les 2 premiers sont d.-v. f., rognés.

917. (**Taschereau**). Revue rétrospective ou Archives secrètes du dernier Gouvernement. *Paris*, 1848, in-4, d.-ch. *Ex. avec les n°ˢ 32 et 33 qui manquent souvent.*

> Mariages espagnols. Mariage de la princesse Clémentine. Mariage du duc d'Aumale. Mariage du prince de Joinville. Liste des personnes émargeant aux fonds secrets...

918. — Idem, cart. *31 numéros seulement.*

919. Michaud. Biographie ou vie publique et privée de Louis-Philippe d'Orléans, ex-roi des Français. *Paris*, 1849, in-8, d.-mout. rouge.

> Ex. avec l'**Appendice** de 152 pages, comprenant la canonnade de Valmy. Les conspirations de 1816. L'Assassinat du prince de Condé. *Plus 2 lithogr.* dont une représente le **Prince de Condé... attaché à sa fenêtre.**

920. Hennequin, *avocat.* Observations sur l'instruction relative à la mort du duc de Bourbon, Prince de Condé, et Arrêt de la Cour de Cassation. *Paris*, 1832, 272 pages. — Plaidoyer de M. Hennequin, pour MM. les Princes de Rohan, **contre Mgr le Duc d'Aumale**, représenté par M. Borel de Bretizel, et contre la Baronne de Feuchères, 1832, 178 pages. — Réplique de M. Hennequin, pour MM. les Princes de Rohan. 278 pag. — *Le tout en 1 vol.* in-8, d.-v. v. *Rare.*

921. **Guizot.** Histoire parlementaire de France, 1819-1848. *Paris*, 1863, 5 forts vol. in-8, br.

922. Normanby (*le Marquis de*). Une année de révolution, d'après un journal tenu à Paris en 1848. *Paris*, 1858, 2 vol. in-8, br.

923. D'Orléans (Louis-Philippe), *ex-roi des Français*. Mon journal. Evénements de 1815. *Paris*, 1849, 2 vol. in-12, percal. — Correspondance de Mme Duchesse d'Orléans, mère du Régent. 1855, 2 vol. in-12, d.-v. f.

924. Guizot. De la démocratie en France. *Paris*, 1849, in-8, d.-v. *Bel ex.* — E. Pelletan. Histoire des trois journées de février 1848, in-8, d.-toile.

925. D'Ideville (*Comte*). Le Maréchal **Bugeaud**, d'après sa correspondance intime, 1784-1849. *Paris, Didot*, 1881, 3 vol., gr. in-8, br. *Portrait, carte et fac-similé.*

926. D'Harcourt-Saint-Aulaire (*Madame*). Mme la Duchesse d'Orléans, Hélène de Mecklembourg-Schwerin. *Paris*, 1859, in-8, dos et c. ch., fil., tête dor., éb.

927. Polignac (*Prince de*). Etudes historiques, politiques et morales sur l'Etat de la Société vers le milieu du XIXe siècle. *Paris*, 1845, gr. in-8, br. *Avec la réponse à ses adversaires* au sujet de son livre.

928. Sur Napoléon III. 5 vol. in-12, dont trois reliés.
L'Europe et le Second Empire. L'Impératrice Eugénie. Papiers et correspondance de la famille impériale. Le mariage d'une Espagnole.

929. La Politique impériale. Discours et proclamations de Napoléon III. In-8, d.-ch. — De Ferrière Le Vayer. Une ambassade française en Chine. 1854, in-8, d.-ch.

930. La Ménagerie impériale composée de ruminants, amphibies, carnivores et autres budgétivores qui ont dévoré la France pendant 20 ans. **33 pl. coloriées** dans un cart., gr. in-8.

931. Rochefort (*Henri*) La Lanterne. Les 18 premiers numéros.

932. Mémoires de Canler, ancien chef du service de sûreté. *Paris*, in-12, d.-ch. bl., tête dor., éb., quelq. taches.

933. **Véron** (*Doct.*). Mémoires d'un bourgeois de Paris, comprenant la fin de l'Empire, la Restauration, la monarchie de juillet, la République jusqu'au rétablissement de l'Empire. *Paris*, 1853, 6 vol. gr. in-8, br.

934. Histoire de France. 12 vol. in-12, br.
> Par de Montalivet, Laboulaye, Nisard, Jules Delafosse, duc Morny, Mme de Witt, etc.

935. Mémoires de **M. Claude,** chef de la police de sûreté sous le second empire. *Paris*, 1881, 10 vol. in-12, br.

936. Recueil des traités, conventions et actes diplomatiques concernant l'Autriche et l'Italie. *Paris*, 1859, gros in-8, d.-ch.

937. Histoire de France. 9 vol. in-12, d.-ch.
> Par d'Haussonville, Emile Ollivier, Guizot, Mme du Hausset, le prince Napoléon, l'abbé Faure.....,

938. Livres politiques. 5 vol. in-8, reliés et br.
> Thouvenel. La Grèce du roi Othon. 1800. — Mirabeau. Hist. secrète de Berlin. — Lettres d'Al. de Humboldt. — De Pradt. Ambassade de Varsovie. — Rulhière. Hist. de Pologne.

939. De Maistre. Plan d'un équilibre de l'Europe, 1819. — Sauzet. Rome devant l'Europe, 1860. — De Maistre. Considérations sur la France, 1851. *Ens. 3 vol. in-8, d.-ch.*

940. Histoire de France. 8 vol. in-12, br.
> Par le duc de Broglie, de Lescure, de la Brière, Pauliat, Mercier....

941. (Général Trochu). L'Armée française en 1867, in-8, br. — De Bazancourt. L'expédition de Crimée. Chronique de la guerre d'Orient. *Paris*, 1866, 2 vol. in 8, br.

942. Parquin (*Commandant*). Souvenirs et campagnes d'un vieux soldat de l'empire. *Paris*, 1892. — Alexandre III (*Empereur*). Souvenirs de Sébastopol, 1894. *2 vol. in-8, br.*

943. D'Hérisson (*Comte*). 4 vol. in-12, br.
> Le cabinet noir. La légende de Metz. Autour d'une révolution. Un pair de France policier.

944. Livres politiques modernes. 7 vol. in-8, br.
> Jules Favre. Rome et la République française. — La Cour de Rome et l'empereur Maximilien. — D'Harcourt. Les 4 ministères Drouyn de Lhuys. — La maladie de l'empereur Frédéric III. — Stoffel (*Colonel*). Rapports militaires écrits de Berlin, *etc....*

945. Schneider. L'Empereur Guillaume. Souvenirs intimes

revus et annotés par l'empereur. *Nancy*, 1888, 3 vol. gr. in-8, br. (24 fr.)

> C'est un tableau complet de la vie intime de l'empereur Guillaume de 1848 à 1873, racontée par un Prussien fidèle et convaincu. Aussi son admiration tourne souvent au panégyrique !

946. Victor Tissot. 8 vol. in-12, br.

> Les Prussiens en Allemagne. Police secrète prussienne. De Sadowa à Sedan. L'Allemagne amoureuse. Voyage aux pays annexés. La Russie et les Russes. Vienne et la vie viennoise. Au pays des Tsiganes.

Histoire de Paris. — Artois. — Beauvaisis. — Berri. — Bourgogne. — Département de l'Ain. — Velay. — Vivarais, *etc.*

947. Gourdon de Genouillac. Paris à travers les siècles. Histoire nationale de Paris et des Parisiens. Rédigé par Henri Martin. *Paris, Roy*, 1879, 5 vol. in-4, d.-bas.

> Ornés d'environ de **400 gravures dont 80 coloriées.**

948. Faugère. Journal d'un voyage à Paris en 1657-1658. *Paris*, 1862, gros in-8, taches de rouss., br.

949. Description de la Généralité de Paris, contenant l'état ecclésiastique et civil. Le **Pouillé des diocèses** de Paris, Sens, Meaux, Beauvais, Senlis. Le nom de ceux qui occupent des charges... dans la Généralité. La composition des milices. Les noms des Seigneurs des terres de la Généralité. *Paris,* 1759, in-8, v. m. — (Dargenville). Voyage pittoresque des environs de Paris. *Paris*, 1768, in-12, v.

950. Almanach Parisien en faveurs des étrangers et des personnes curieuses, indiquant tous les monumens des Beaux-Arts, et tout ce qui est nécessaire pour un étranger, le logement, nourriture. habillement, voitures, emplettes qu'il a à faire, **le prix de toutes ces choses,**

les spectacles, etc. *Paris*, 2 part. en 1 vol. in-32, v. *Avec un plan.*

> L'approbation porte la date de 1772. A la fin on trouve un Calendrier pour 1776.

951. Voyage à Paris en 1776. Souvenir. *Paris, Plon*, 1854, br., in-8 de 32 pag., peu rog. (*45 exemplaires.*)

> *Publication anonyme.* L'aut. part de Thorigny et passe à Bully, Roanne, Varenne, Moulins, etc... Il y est question de M. de Flesselle, M. de Saint-Julien, M. de la Michodière, etc.

952. Almanach de Paris, 1786. In-32, br., rog.

> 1re partie seule, donnant la demeure, les noms et qualités des personnes de condition.

953. Almanach de Paris. Années 1865 à 1863. 4 gros vol. in-18, percal. *Blasons et portraits.*

954. Lafolie. Mémoires historiques relatifs à la fonte et à l'élévation de la statue équestre de Henri IV sur le Pont-Neuf à Paris. *Paris*, 1819, in-8, br. *Orné de belles gravures à l'eau-forte de Pauquet.*

955. Ancelot (Mme). Les Salons de Paris. Foyers éteints. *Paris*, 1858, in-18, d.-ch.

> Salons de la Duchesse d'Abrantès, de Mme Récamier, de Mme Lebrun, *etc.*

956. Le Collège Stanislas. Notice historique. *Paris*, 1881, in-8, d.-v. f., gravures.

> Cet ex. a appartenu à Mgr Paulinier, archevêque de Besançon et à Mgr Foulon, alors évêque de Nancy.

957. Koenig (*Abbé*). Saint-Eustache. Histoire et visite de l'église. *Paris*, 1878, in-8, br. *Avec 3 eaux-fortes de Chauvet.*

958. Sur Paris, 11 vol., in-12, br.

> Le nouvel Opéra. *Illustré.* Les mariages à Paris. L'hôtel Carnavalet. La cour de Versailles. Les sièges de Paris. Un carnaval de Paris. Souvenirs intimes des Tuileries...

959. Sarrepont (*le Major de*). Le bombardement de Paris par les Prussiens en 1871. *Paris*, 1872, gr. in-8, br. *Avec une grande carte de Paris bombardé et 15 figures.*

960. **Du Gas** (le Marquis), *ancien officier des gardes fran-*

çaises. Paris, Versailles et les provinces. Anecdotes sur la vie privée des ministres, évêques, magistrats et autres... des règnes de Louis XV et de Louis XVI. *Paris*, 1823, 3 vol., in-8, br.

> L'aut. mort en 1820 à St-Genis-Laval, était Lyonnais, et seigneur du marquisat de Villars en Bresse.

961. Almanach de Versailles. Années 1774, 1775, 1781, 1786. 4 vol., in-32, bas. *Le troisième est v., fil., tr. dor.*

962. **Laborde** (*Comte A. de*). Versailles ancien et moderne *Paris, Schneider*, 1841, gr. in-8, chagr. viol., fil., dos orné, tr. dor., dans un étui carton.

> Très beau livre illustré. Ex. comme neuf, sans taches de rousseur.

963. **Les Curiosités de Versailles** ou Recueil de tous les monumens qui y ont été érigés par Louis XIV et Louis XV, avec le plan de la ville et ses augmentations sous Louis XVI. Suivi de tablettes et un stilet (*manquant*) qui en fait la fermeture... *Paris, Desnos*, in-32, maroq. r., très écorné, fil., tr. dor. (*Rel. anc*)

> Toutes les gravures de **Martinet** sont coloriées.

964. **Galeries** historiques du palais de Versailles. *Paris, Impr. royale*, 1839, 9 tom. en 10 gros vol., in-8, br.

> Le tome 6 en 2 vol. renferme les **Armoiries des Salles des Croisades.**

965. Bonnassieux (P.), *Forézien*. Le château de Clagny et Mme de Montespan. Histoire d'un quartier de Versailles. *Paris*, 1881, pet. in-8, sur Holl., br. *Portrait et gravures*.

> Tiré à petit nombre d'ex. On y trouve un chapitre sur le **Prince de Dombes.**

966. Le Château de La Grange (en Brie), par Eug. L. *Coulommiers*, 1866, in-12, br.

> La moitié du vol. concerne **la famille de Courtenay.**

967. Guillon (Mgr). Pèlerinage de Dreux. *Paris*, 1846, in-12, cart. *Gravure.* — Vatout. Le château d'Eu. Souvenirs historiques, 1852, in-8, br., taches de rouss. — Laval (*Abbé de*). Esquisse historique sur le château de Vincennes, 1891, in-8, br. *Gravures*.

968. Le Feuve. Le tour de la Vallée. Hist. et descrip. de Montmorency, Enghien-les-Bains, Eaubonne, Epinay.... *Paris*, 1856, in-8, d.-ch., v. — Depping. Histoire des expéditions maritimes des Normands. *Paris*, 1826, 2 tom. en 1 vol. in-8, d.-v. v.

969. O'Reilly. Mémoires sur la vie publique et privée de **Claude Pellot** (*natif de Lyon*), premier président du Parlement de Normandie. *Paris*, 1881, 2 vol., gr. in-8, br. (24 fr.)

970. **Beaumanoir** (*Phil. de*). Coustumes du Beauvoisis. — Assises et bons usages du royaume de Jérusalem, par Jean d'Ibelin. — Notes et glossaire par Thaumas de la Thaumassière. *Bourges*, 1690, in-fol., v.

> **« Ci commenche li livres des Coustumes et usages de Biauvoisins, selonc ce qu'il couroit ou tans que cist livres fu fez, c'est assavoir en l'an 1283. »**
> Livre curieux et fort recherché, dont les ex. sont peu communs (*Voyez Brunet*).

971. Richard, *archiviste*. Une petite-nièce de S. Louis. Mahaut, comtesse d'Artois et de Bourgogne. 1302-1329. *Paris, Champion*, 1887., gr. in-8, br.

> Etude sur la vie privée, les arts et l'industrie en Artois et à Paris au commencement du xive siècle.

972 **Bultel**. Notice de l'état ancien et moderne de la province et **Comté d'Artois**, par M***. *Paris*, 1748, in-12, maroq. r., triple fil., tr. dor. *Bel ex. en reliure ancienne.*

> Ouvrage très rare, contenant les noms des membres composant les Etats, la liste des marquisats, baronnies et comtés ; celle des maisons nobles..... etc .... *(Guigard)*.
> Vendu, simplement cartonné, 60 fr. à la vente de Rozières.

973. **Hippeau**. Le Gouvernement de Normandie aux xviie et xviiie siècles. Documents tirés des archives du château d'Harcourt. *Caen*, 1863-66, 6 vol. gr. in-8, br.

974. Durand. Coutumes du **bailliage de Vitry**, en Perthois, avec une description abrégée de la noblesse de France... *Chaalons*, 1722, in-fol., bas.

975. Ordre des Estats **tenus à Tours**, soubs Charles VIII durant sa minorité. Ensemble les harangues, remons·

trances, advis et délibérations qui y furent faictes. *Paris,* 1493 (*sic*), pet. in-8, parch.

976. (Henriquez, *chanoine*). Abrégé chronologique de l'histoire de Lorraine. *Paris,* 1775, 2 vol. pet. in-8, v. m.

977. **Recueil de fondations** et établissemens faits par le roi de Pologne, duc de Lorraine et de Bar, qui comprend la construction d'une place, avec la statue de Louis XV, et les bâtiments.... **éleves à Nancy**. *Lunéville, 1762, avec 2 vignettes.* — Compte général de la dépense des édifices.... **construits à Nancy** de 1751 à 1759. *Lunéville,* 1761, 2 part. en 1 vol. gr. in-fol., v. m. *Bel exemplaire.*

> La seconde partie renferme un beau plan de Nancy, et 3 grandes planches des **fameuses grilles inventées par Lamour,** gravées par Collin, de Nancy, et autres figures à l'eau-forte dans le texte.

978. **La Saussaye** (de). Le château de Chambord. *Lyon, L. Perrin,* 1865, pet. in-8, vergé, teinté, gravures (dont une sur Chine volant), maroq. bl., jansén., dentell. intér., tête dor. (*Bruyere*).

> Belle édition tirée à 100 ex.

979. De La Saussaye. Blois et ses environs. 5e édit. *Lyon, L. Perrin,* 1873, in-12, br. *Illustré.*

980. Le Grand. Coutume du **bailliage de Troyes**.... 4e édit., avec pièces concernant les droits de bourgeoisie et de Franc-Aleu en la province de Champagne. *Paris,* 1737, 3 part. en 1 vol. in-fol., bas.

981. Baugier. Mémoires historiques de la province de Champagne. Vies des ducs, comtes... Description des villes, châteaux, terres titrées, abbaïes.... *Chaalons,* 1721, 2 vol. pet. in-8, v., le coin de la marge des deux titres est déchiré. *Portrait de l'auteur.*

> Aux armes du duc de Chaulnes.

982. Procès-verbal des séances de l'Assemblée Provinciale du Berri, tenue à Bourges en 1780. — Id. tenue à Bourges en 1783. *Bourges,* 1781-1784, 2 tom. en 1 vol. in-4, d.-v. m. (*Rel. anc.*)

983. Thaumas de la Thaumassière. Coutumes du Berri. *Bourges*, 1701, in-fol., v. m.

984. Lacuisine (de). Le Parlement de Bourgogne depuis son origine à sa chute. *Dijon*, 1857, 2 vol. gr. in-8, d.-ch. r. *Portrait.*

985. La Coutume du Duché de Bourgogne. *Dijon*, 1717, in-4, v. f. *Petite piqûre dans les marges du bas.*

986. Noellat. Guide du voyageur et de l'amateur à Dijon ou statistique monumentale de la capitale de l'ancienne Bourgogne. *Dijon, Noellat*, 1822, in-18, br. *Plan et vues.*

987. Bouvier (*Abbé*). Histoire de Thorigny-sur-Oreuse (Yonne). *Auxerre*, 1866, gr. in-8, br. *Planches.*
> Important travail sur les familles Planelli, Pianello, de La Valette, Mascranny, etc.

988. **Guigue.** Topographie historique du département de l'Ain ou Notices sur les communes, hameaux, paroisses, abbayes, prieurés, monastères, terres titrées, fiefs, châteaux, maisons-fortes... de ce département. *Trévoux*, 1873, fort vol. gr. **in-4**, br.
> Souvenirs des temps préhistoriques. Epoques gallo-romaine, burgundo-franque et féodale.... *Environ 5,000 notices historiques.* — « Ce livre est un véritable monument d'érudition patiente ». (*Brunet. Suppl.*)

989. Révérend du Mesnil. La Valbonne, son histoire. (Les Miribel, les sires de Montluel. La maison d'Anthon. Les Dauphins de Viennois. Les comtes de Savoie, etc.) *Lyon*, 1876, gr. in-8, br. *Epuisé.*

990. Boucher d'Argis. Notice historique sur la principauté de Dombes 1759. *Tirée à 75 ex. seulement.* — Guigue. Les Amoureuses occupations de Guill. de La Tayssonnière. *Bourg*, 1877. *Tiré à 90 ex.* Ens. 2 vol. in-12, br., sur Hollande.

991. (P. de Varax.) Histoire de Saint-Trivier-en-Dombes, et de Béreins, Percieux, Montagneux, Mons, par un Dombomane. *Lyon*, 1875, gr. in-8, br. *Rare.*

992. Messimi (M. de). L'amélioration de la Dombes. *Lyon*,

L. Perrin, 1862, in-8, pap. vergé teinté, dos et c. maroq. br.. tr. rouge. (*Bruyère.*)

993. Cachet de Garnerans. Abrégé de l'histoire de la Souveraineté de Dombes. *Thoissei*, 1696, in-fol., quelq. tach., bas. *Très jolies vignettes.*

994. **Mantellier**. Notice sur la monnaie de Trévoux et de Dombes. *Paris*, 1844, in-8, brad., non rog.
> Opuscule très rare, orné de 11 planches.

995. Debombourg. Histoire communale de la Dombes et du Franc-Lyonnais. (Tome 1er seul publié). *Trévoux*, 1858, in-8, br., taché vers la fin. *Rare.*
> Le Monastère de La Bruyère. Neuville, Fleurieux, Rochetaillée, Fontaine, Caluire, Cuire, la Croix-Rousse, etc.

996. **Recueil des droits et privilèges du Parlement de Dombes**, 1741, in-4, bas.
> Recueil de 49 pièces diverses, la plupart imprimées à Trévoux. *Très précieux volume dont on trouve bien difficilement des exemplaires.*

997. Jules Baux. Histoire de l'église de Brou (2e édit.). *Lyon*, 1854, gr. in-8, br. *Portraits en chromo et planches.*

698. **Chroniques** sur le département de l'Ain ou recueil d'articles divers sur l'histoire du pays, publiés dans le Journal de l'Ain (par Et. Milliet, Leymarie, J. Bard, Depery, de Moyria, etc.). *Bourg*, 1889, in-8, cart., éb.
> **Très rare. Tiré à 50 ex. seulement.** Concerne les Chartreuses d'Arvières, de Portes, de Meyriat ; les abbayes d'Ambronay, de Bons, de S. Sulpice, de S. Rambert ; les châteaux de Culle. de Thuis, de La Corbière, de Vieuget, de Roussillon, etc...
> Ce vol. manquait aux collections Nouvellet, J. Renard, Yéméniz, etc...

999. Rousselet (R. P.). Histoire et description de l'église royale de Brou, élevée à Bourg-en-Bresse. *Lyon*, 1788, in-12, mouill., bas.
> Ex-libris armorié du marquis de Fortia.

1000. Vingtrinier (A.). Histoire du château de Varey en Bugey. *Lyon*, 1872, gr. in-8, br. Plan et vue. *Rare.* — Dufay. Mémorial de l'invasion de la Bresse par les Dauphinois. 1864, br., in-8.

1001. Jussieu (*Laurent de*). Simon de Nantua ou le marchand forain, et œuvres de Simon de Nantua. *Paris*, 1865, in-12, cart. — Dufay. L'église de Brou et ses tombeaux. *Lyon*, 1867, in-12, br. *Portrait à l'eau-forte.*

1002. **Raverat** (*Baron*). Les Vallées du Bugey. Excursions en Bugey, Bresse, Savoie et pays de Gex. *Lyon*, 1867, 2 tom. en 1 gros in-8, d.-bas. r. Carte. *Rare.*

   Un des ouvrages les plus recherchés de cet auteur.

1003. Bresse, Bugey, Dombes. *22 brochures diverses.*

1004. Dufay. Biographie des personnages notables du département de l'Ain. Galerie civile. Galerie militaire. *Bourg*, 1874-1882, 2 vol., gr. in-8, d.-bas. r.

1005. Truchard du Molin. Les Baronnies du Velay. **Roche-en-Regnier.** *Paris*, 1874, gr. in-8, br. Blasons. *Rare.*

1006. Vinols de Montfleury (*Baron de*). Mémoires politiques d'un membre de l'Assemblée Nationale Constituante de 1871. *Le Puy*, 1882, gr. in-8, d.-bas. r.

1007. Mazon. Les muletiers du Vivarais et du Velay. *Lyon*, 1888. — Forestier (*Abbé*). L'église et la paroisse de Saint-Nectaire. *Clermont*, 1878, *illustré*. Ens. 2 vol., pet. in-8, br.

1008. **Album du Vivarais** par Albert du Boys. *Grenoble*, 1842, in-4, cart. en percal. de l'édit., tr. dor., disloqué.

   Ex. bien complet avec les 41 superbes lithographies de Victor Cassien.

1009. Mosnier (H.). Le château de Chavaniac-Lafayette. Description. Histoire. Souvenirs. *Le Puy*, 1883, br., gr. in-8. *Portraits et vues.*

1010. Theillière (*Abbé*). Notice historique sur la paroisse de Saint-Just-Malmont. *Le Puy*, 1869, in-8, br. *Avec une vue de ce village.*

1011. Garnodier. Recherches archéologiques sur Saint-Romain-de-Lerpt et ses environs (Ardèche). *Valence*, 1860, in-8, br.

   Très intéressant vol. concernant Crussol, Saint-Péray, Charmes, Soyons, Durtail, Peyraud, etc.

1012. Gigord (*Raymond de*). Le Mandement de Joanas et ses Seigneurs. Mandement de Prunet. (Généalogies de la Baume, de Fay-Peyraud, Hautefort de Lestrange, Merle de La Gorce, Odde de La Tour du Villard, de Borne, Du Roure, de Vogué, de Fages, de Gigord, etc.) *Lyon*, 1891, gr. in-8, br. Blasons. *T ès rare.*

> *On y joint :* De Vissac. Chronique Vivaroise. A. du Roure et la révolte de 1670. *Paris*, 1895, gr. in-8, br.

1013. Massip. Le Collège de Tournon en Vivarais. *Paris*, 1890, gr. in-8, papier teinté, br. — A. de Gallier. Les Tournonnais dignes de mémoire. *Paris*, 1878, br., gr. in-8.[1]

1014. Castrucci, *dell'ordine Carmelitano.* Istoria della citta d'Avignone e del Contado Venesino. *Venetia*, 1678, 2 tom. en 1 vol., in-4, bas.

1015. Gasparin (de). Histoire de la ville d'Orange et de ses antiquités. *Orange*,1815, in-12, br., non rog. *Plan et gravures.*

1016. La Roque (*Louis de*). Les évêques de Maguelonne et de Montpellier. *Paris*, 1893, in-8, br. *Portrait de Mgr Thibault.*

1017. Jules de Saint-Félix. Rome en Provence. Chroniques et légendes. *Paris*, 1860, in-8, mouill., br.

1018. Procès-verbal des séances de l'Assemblée Provinciale de **Haute-Guienne**, tenue à Villefranche en 1780. — *Id.* en 1779. —*Id.* en 1782. — *Id.* en 1784. *Villefranche-de-Rouergue*, 1781-1785, 4 part. en 1 vol. gros, in-4, d.-v. m.. rel. anc. *Plus 3 rapports ou projets de M. Henry de Richeprey.*

Lyon. — Lyonnais. — Beaujolais. — Forez. — Dauphiné.

1019. Menestrier. Les divers caractères des ouvrages historiques, avec le plan d'une nouvelle histoire de la ville de Lyon. *Lyon*, 1694, in-12, v.

1020. Clerjon. Histoire de Lyon. *Lyon*, 1829, 6 vol. in-8, d.-bas. *Nombreuses gravures et portraits.*

> Le tome V a les 29 dernières pages manuscrites d'une belle écriture.

1021. Lambert d'Herbigny. Mémoire sur la généralité de Lyon. (Notes sur les Seigneurs domicilliez dans la province. Familles d'Albon, d'Apchon, Darod, de Chateauneuf, de Damas, du Fenoil, de Foudras, de Rostaing, de Saconay, de Sainte-Colombe, de Saint-Priest, de Villars, d'Urfé, etc... Histoire du pays. État ecclésiastique. État militaire, etc...) gr. in-4 de 404 pag., v. m.

Manuscrit ancien d'une belle écriture.

1022. Poullin de Lumina. Abrégé chronologique de l'histoire de Lyon, avec une chronologie des archevêques et du corps municipal. *Lyon*, 1767, in-4, bas.,fil. *Aux armes de Lyon*.

1023. Chambet. Guide de Lyon et de ses environs. 1860, pet. in-8, br. *Illustré et grand plan.* — Nouvel indicateur des habitans de Lyon et fauxbourgs. 1834, in-12, d.-bas. — Lyon en 1789, in-12, br

1024. Fortis. Voyage pittoresque et historique à Lyon et aux environs. *Paris*, 1821, 2 vol. in-8, bradelle, non rog.

1025. Lyon et la région lyonnaise. Etudes et documents publiés à l'occasion du Congrès de Géographie de 1894. *Lyon*, 1894, gr. in-8, br. *Grande carte.*

1026. Meynis. Les anciennes églises paroissiales de Lyon. 1872. — Les grands souvenirs de l'église de Lyon. 1877, 2 vol. in-12, br.

1027. **Guigue**. Obituarium Lugdunensis ecclesiae. Nécrologe des personnages illustres et des bienfaiteurs de l'Eglise de Lyon, du IXe au XVe siècle. *Lyon*, 1867. gr. in-4 cart. *Ex. en grand papier.*

> Ce livre intéresse une foule de gentishommes d'anciennes familles chevaleresques du Lyonnais, Forez, Beaujolais, Bourbonnais, Mâconnais, Dauphiné, Bresse, Dombes, Bugey, Savoie

1028. Boissieu (A. de). Ainay, son autel, son amphithéâtre,

ses martyrs. *Lyon, L. Perrin*, 1864, gr. in-8, pap. teinté, cart. *Planches.*

> Vendu 11 fr. 50, br. vente L. Perrin.

1029. **Quincarnon** (de), *Lieut. de cavalerie et commissaire de l'artillerie.* La fondation et les antiquités de la basilique, collégiale de S. Paul de Lyon. Pet. in-8 carré, d.-v., non rog.

> Réimpression faite chez L. Perrin, d'un livre rarissime, publié par Monfalcon également à petit nombre d'ex.

1030. **Guigue.** Polyptique de l'église collégiale de S.-Paul de Lyon. Dénombrement de ses tenanciers, possessions, cens et rentes en Lyonnais, Forez, Beaujolais, Mâconnais, Bresse, Dombes, Bugey et Dauphiné au XIIIᵉ siècle. *Lyon* 1875, gr. in-4, br.

> Publication de la Société littéraire de Lyon.

1031. Guigue. La fundation du monasteyre des Célestins de Lyon de 1407 à 1537, par Frère Cl. Berchier. — Le livre d'amitié, par l'escuyer Pierre Sala, Lyonnois. *Lyon*, 1884, 2 vol. in-12, br. *Sur Hollande.*

1032. **Guigue.** Cartulaire des fiefs de l'Eglise de Lyon. 1173-1521. *Lyon*, 1893, fort vol. gr. in-4, br. *Sceaux.*

> Beau vol. publié par la Société des Bibliophiles Lyonnais, pour les Souscripteurs seulement (*à 100 ex. environ*) **et non mis dans le commerce.**

1033. De Charpin et Guigue. Grand cartulaire de l'**abbaye d'Ainay,** suivi d'un autre cartulaire rédigé en 1286, et documents inédits. *Lyon*, 1885, 2 vol. gr. in-4, br.

> Cet ouvrage est précédé d'une intéressante notice sur l'abbaye d'Ainay, par **M. Vachez,** avocat.

1034. Champier (*Symphorien*). De l'antiquité de la cité de Lyon. — Du royaume des Allobroges. Antiquité de la noble cité de Vienne. *Lyon*, 1884, 2 vol. in-12, pap. teinté, br.

1035. **Le Soleil au Signe du Lyon.** Entrée de Louys XIII dans sa ville de Lyon. Récit de cette entrée et d'Anne d'Autriche dans ladite ville de Lyon en 1622. — **Réception de Louys XIII,** roy de France et premier comte et chanoine de l'Eglise de Lyon, et de très-chres-

tienne Royne Anne d'Austriche, par MM. les doyen, cha-
noines et comtes de Lyon, en leur cloistre en 1622. *Lyon,*
1623, 2 part. en 1 vol. in-fol., parch.

> Orné de 19 planches superbes de feux d'artifices. — *L'exem-
> plaire Renard vendu 84 fr.*

1036. — Un autre ex. parchemin, fortes mouillures, taches
et racommod. *Bien complet avec les 19 planches.*

1037. Guigue. 4 br. gr. in-8.

> Deniers du Xe siècle trouvés à Villette-d'Anthon. — Livre de
> raison d'un bourgeois de Lyon en langue vulgaire. — Recher-
> ches sur les Merveilles. Fête populaire de Lyon au XIVe siècle.
> — Les Recluseries de Lyon.

1038. Bonnassieux, *Forézien.* De la réunion de Lyon à la
France. *Lyon,* 1875, gr. in-8, br.

> Luttes intestines entre les archevêques et le Chapitre de
> Lyon. Luttes entre l'Eglise de Lyon et les Seigneurs de Forez,
> Beaujeu, Savigny, Villars ...

1039. Guigue. Recherches sur N.-D. de Lyon, hôpital fondé
au VIe siècle. Origine du pont de la Guillotière et du grand
Hôtel-Dieu de Lyon. *Lyon,* 1876, in-8, vergé, teinté. *Grands
plans.*

1040. La forme de la direction et œconomie du Grand Hos-
tel-Dieu de Nostre-Dame de Pitié du Pont du Rhosne en
la ville de Lyon. 1661, in-4, bas. *Jolie gravure.*

1041. Vachez. Les Tombeaux de Saint-Pierre-le-Vieux, à
Lyon. *Lyon,* 1866, br., gr. in-8. Planche. *Très rare.* — ID.
Note sur l'obituaire de l'église de Lyon. In-8.

1042. **Relation du grand malheur** arrivé à la Porte du
Rone (*sic*) à Lyon, le 11 octobre 1711, au retour de la pro-
menade de **Bron,** hors le faux-bourg de la Guillotière. *A
Lyon, proche de la boucherie de l'Hôpital* (1711), pla-
quette in-4 de 4 pag. d.-cuir de R., tête dorée.

> Il y eut environ 1.000 à 1.200 personnes mortes, ou noyées,
> ou blessées. — « *Les femmes perdirent leurs coeffures, chaînes,
> colliers et collans, leurs bagues, leurs pendailles, leurs tabliers et
> jusqu'à leurs souliers et leurs jupes.* »

1043. **Heures** (*Nouvelles*) à l'usage du diocèse de Lyon,
contenant un Manuel de piété et les Offices des dimanches

et des fêtes, latin-français, et réflexions pieuses approuvées par Mgr le cardinal de Bonald. *Lyon, Lambert-Gentet,* 1841, très gros vol. gr. in-8, pap. vélin. Avec gravures, maroq. br., fil. et ornements sur plats, tr. dor.

> **Exemplaire unique en grand papier** (le format habituel est in-18). Avec encadrements à chaque page. — *Cet ex. provient de la bibliothèque de Mgr de Bonald.* Exemplaire de dédicace.

1044. Lyon. *30 brochures diverses.*

1045. Guigue. Poème sur la grande peste de 1348, par Olivier de La Haye. *Lyon, Georg,* 1888, in-12. sur Hollande, br.

1046. **Collection Lyonnaise**. *Lyon, Georg,* 1878-1882, 11 vol. in-12, br. *Sur Hollande.*

> Supplice de Cinq-Mars et de de Thou. Destruction de l'église de S. Just par les protestants. Antiquité de l'abbaye de S. Pierre. Chronique de la maison de Beaujeu. Antiquités de S. Jean. Nombre des églises de Lyon. Histoire de l'abbaye de l'Ile-Barbe. Catalogue des villes ès trois Gaules. Fondation de la basilique S. Paul. Nostre-Dame de Bonnes-Nouvelles des Célestins. *Collection publiée à 110 fr.*

1047. — En double. (*Pouvant être divisés*).

> Quincarnon de S. Paul. — Destruction de S. Just. — Antiquité de l'abbaye S. Pierre. — Chronique de la maison de Beaujeu. — Supplice de Cinq-Mars.

1048. **Guigue**. Cartulaire municipal de la ville de Lyon, privilèges, franchises, libertés. Recueil formé au xIVᵉ siècle par Et. de Villeneuve. *Lyon,* 1876, gr. in-4, cart. *Sceaux, signa et fac-similés.*

> L'édition est complétement épuisée. *Vendu 32 fr. vente Garcin.*

1049. Laverdet. Correspondance entre Boileau et Brossette, avocat au Parlement de Lyon. *Paris, Techener,* 1858, fort vol. gr. in-8, br. *Ex. en grand papier.*

> Le manuscrit autographe de cette *Correspondance* fut acheté **4,500 fr.** à la vente Renouard par M. Laverdet.

1050. Vachez. Les livres de raison dans le Lyonnais et les provinces voisines. *Lyon,* br., gr. in-8.

> Livre de raison d'un bourgeois de Lyon au xIVᵉ siècle. Livre de naissance des familles Bollioud, Henry, Montaigne, Huguetan. Livre de raison d'un bourgeois d'**Annonay** au xvIIᵉ siècle, *etc.*

1051. Saint-Olive. Mélanges historiques sur Lyon. *Lyon,*
1864, gr. in-8, br. *Eau-forte de Leymarie.*

> Voyage en chemin de fer de Lyon à la Croix-Rousse. **Notes
> sur la Croix-Rousse,** etc.

1052. Vachez. Lyon au XVIIᵉ siècle, trad. de Golnitz et annoté.
Lyon, 1877, gr. in-8, br. *Plan de Lyon.*

1053. **Steyert.** Changements de noms de rues de la ville
de Lyon. Texte officiel et notes critiques. *Lyon,* 1884, gr.
in-8, br. *Avec plans dans le texte.*

> Ouvrage fort curieux peu connu, rempli de recherches et de
> notes critiques fort intéressantes sur les noms de rues et les
> **anciennes familles de Lyon.** *(Vente de Verna 15 fr. br.)*

1054. **Nizier de Puitspelu.** Les Vieilleries Lyonnaises.
(Le vieux canut. La mangeaille lyonnaise. La vogue. Les
jeux des gones. Les boules. Les bèches. Les bugnes. Le
Gourguillon, etc...) *Lyon, Bernoux et Cumin,* 1891, fort
vol., gr. in-8, pap. de Holl., br.

> L'ouvrage se termine par un guide-âne à l'usage des bonnes
> gens qui ne sont pas natifs de Lyon.

1055. Bayart à Lyon. Comment le bon chevalier s'appareilla
et s'accoustra au crédit de son oncle l'abbé d'Ainay. *A
Lion sur le Rosne,* 1829, gr. in-8, d.-v.

> Plaquette sur Hollande peu commune de **M. Alfred de Ter-
> rebasse.**

1056. **Messance,** *Receveur des tailles de l'élection de
Saint-Etienne.* Recherches sur la population des généra-
lités d'Auvergne, de Lyon, de Rouen et de quelques provinces et villes du Royaume. *Paris,* 1766, in-4, v. m.

> Messance est le pseudonyme de M. de La Michodière, Inten-
> dant à Lyon, mort en 1797.

1057. Morel de Voleine et de Charpin. **Liste des Evê-
ques et Archevêques de Lyon,** où il est aussi traité
des chorévêques, suffragants, vicaires-généraux et admi-
nistrateurs de cette église. *Lyon, L. Perrin,* 1854. gr. in-
fol., pap. vergé, teinté, cart. *Grands écussons gravés.*

> 42 fr. en demi-rel., vente Buhet et 41 fr. vente Garcin, 40 fr.
> Yéméniz.

1058. Lyonnet, *chanoine.* Le Cardinal Fesch, archevêque de

Lyon. *Lyon*, 1841, 2 gros vol. in-8, br. *Portrait*. — Caillet (*Chanoine*). La vérité sur le cardinal Fesch. 1842, in-8, d.-ch. — Défense de la vérité sur le cardinal Fesch. 1842, in-8, d.-ch.

1059. Collection des opuscules Lyonnais. *Lyon, Georg,* 1880-1885, 10 br., gr. in-8, dans une couvert. percal. *Ex. sur Hollande. Collection réservée aux souscripteurs.*

> Caillemer. Manuscrits Boubier, Nicaise, Peiresc. De Montaiglon. Un voyageur anglais à Lyon. Vingtrinier. La statuette d'Oyonnax. Desvernay. Documents inédits. Vingtrinier. Jean Pillehotte. Guigue. Les cloches de S. Jean. *Id.* Entrée de Louis XII à Lyon. *Id.* Le droit du Seigneur de Villejésus.

1060. Cattin (*Abbé*). Mémoires pour servir à l'histoire ecclésiastique des diocèses de Lyon et de Belley. *Lyon*, 18i7, gros in-8, br.

1061. Bibliothèque Lyonnaise. A la veille de la Révolution. Lyon, de 1778 à 1788. Lyon de 1789 à 1795. (*Avant, pendant et après le siège.*) Lyon sous le Directoire, le Consulat et l'Empire, publ. par Metzger et Vaesen. *Lyon, Georg,* 11 vol. in-12, pap. de Holl., br. *Portraits, gravures, assignats, médailles, etc.*

1062. Gonon. Tableau de Lyon en 1786, par Grimod de La Reynière, 1848. Documents historiques sur la vie et les mœurs de Louise Labé. Plant, pourtraict et descript. de Lyon au xvie siècle, par A. du Pinet. Vaucanson à Lyon en 1744. Gr. in-8, cart. *Vue de Lyon et portrait de Louise Labé.*

1063. Liste générale des Contre-révolutionnaires mis à mort à Commune-Affranchie. *Commune affranchie, an IIe,* in-12, non rogné.

> Livre toujours recherché. **Vendu 100 fr.** en dem.-reliure à la vente de La Roche-Lacarelle.

1064. (Guerre.) Histoire de la révolution de Lyon. *Lyon,* 1793, in-8, d.-ch. r.

> Ouvrage rempli de documents curieux. Le titre de tous les ex. ayant été arraché en 1793, celui-ci a été réimprimé.

1065. Delandine. Tableau des prisons de Lyon, pour ser-

vir à l'histoire de la tyrannie de 1792 et 1793. *Lyon,*1797
pet. in-8, bas. racine, fil. *Frontispice gravé.*

> Exemplaire en grand papier.

1066. Guillon de Montléon. Mémoires pour servir à l'histoire de la ville de Lyon pendant la Révolution. *Paris,*
1824, 2 vol., in-8, d.-bas.

> Exemplaire sauvé d'un incendie, il porte sur les faux-titres le
> timbre de la bibliothèque du **Citoyen Napoléon-Bonaparte**
> et sur les plats la lettre **J** en or, surmontée de la Couronne
> impériale.

1067. Maurille. Les Crimes des Jacobins à Lyon. *Lyon,*1801,
in-12, fig., dos et c. maroq. v., tête dor.,éb.

1068. Salomon de La Chapelle. Histoire des tribunaux révo-
lutionnaires de Lyon et de Feurs, établis en 1793 et Liste
des contre-révolutionnaires mis à mort. *Lyon,* 1879, gr.
in-8, br. *Rare.* — Id. Documents sur la Révolution. Lyon
et ses environs sous la Terreur. 1885. gr. in-8, br.

1069. (Allut.) La vérité sur les événements de Lyon en 1834.
In-8, br. *Avec 2 vues.* — Charrier-Sainneville, *Lieut. de
police.* Evénements de Lyon, 1816-1817. In-8, br. — Sta-
tuts synodaux de l'archidiocèse de Lyon, 1874, in-8, br.

1070. Recueil de 13 pièces lyonnaises relatives à la Restauration, en 1 vol. in-8, d.-bas. r., non rog. *Ex. Joseph
Renard.*

> Récit du passage de la Duchesse d'Orléans à Lyon : 1814. —
> La prévention confondue ou mon dernier mot sur le **tyran
> renversé**, suivi de son **mea culpa** et de son testament. —
> Lettre d'un neveu à son oncle sur les événements du jour. —
> Arrivée de la Duchesse d'Angoulême. ode par Nicod, vicaire de
> la Guillotière. — Séjour à Lyon des armées autrichiennes. —
> Touchon. *pasteur à Lyon.* Sermon sur la mort de Louis XVI.
> Eloge des martyrs de Lyon (*Victimes du siège*. — Relation des
> fêtes données à Lyon pour le succès de nos armes en Espagne.
> le retour du duc d'Angoulême. — Deux faits de la Révolution
> de 1830. — Le Siège de Lyon, poème par Coignet *de Saint-Cha-
> mond.* — Histoire de Commune-Affranchie recueillie dans les
> conversations d'un soldat du siège. — Le siège de Lyon, élégie
> par Montandon, 1825.

1071. **Péricaud. Notes et documents pour servir
à l'histoire de Lyon,** depuis l'origine de cette ville,

jusqu'à la fin de 1695. *Lyon et Roanne*, 1838-1867, treize
parties en 2 vol. gr. in-8, d.-bas. r.

> C'est un des meilleurs ouvrages sur l'histoire de Lyon. Les
> exemplaires complets comme celui-ci sont devenus fort rares.

1072. Clapasson (*ou Rivière de Brinais*). Histoire et description de la ville de Lyon, de ses antiquités et ses hommes
célèbres. *Lyon,* 1761, pet. in-8, bas. rouge, tr. dor.

1073. — Le même, en basane.

1074. — Le même, broché, non rogné.

1075. **Almanachs de Lyon.** 16 vol. in-8, en bas. ou demi-
rel. ou br., rognés.

> Années 1750, 1752, 1755, 1758, 1760, 1773, 1780, 1783, 1786, 1787,
> 1788, *id.*, 1789, *id.*, 1812, 1820. *Tous ces almanachs se vendaient
> aux enchères, il y a une dizaine d'années, de 50 à 80 fr. pièce.*

1076. Vingtrinier (*Aime*). Catalogue de la bibliothèque lyonnaise de M. Coste. *Lyon, L. Perrin,* 1853, 2 vol. gr. in-8,
d.-ch. v. Portrait. *18,641 numéros.*

1077. **Niepce.** Les Bibliothèques anciennes et modernes
de Lyon. Les bibliothèques publiques et particulières
avant et après la révolution. Les bibliothèques dispersées.
Lyon, gros vol. gr. in-8, br.

1078. **Pernetti.** Recherches pour servir à l'histoire de
Lyon, ou les Lyonnois dignes de mémoire. *Lyon,* 1757,
2 vol. pet. in-8, avec frontisp. gravé représentant Lyon,
v. gris, triple fil., dos ornés, NON ROGNÉS (*Koehler*).

> Superbe ex. de M. Cailhava, qui y a ajouté **un billet auto-
> graphe de l'auteur**, de 5 lignes signées. — Cet ex. possède
> en outre le **Supplément** imprimé *à Marnioule, chez Martin
> Frellagolet, à l'enseigne de la grande mesure.* 56 pages.
> Ce Supplément, pièce rarissime, est une facétie satirique et
> burlesque qui tourne en ridicule *les Lyonnais dignes de mémoire.*
> — Cette plaquette seule a été adjugée **55 fr.** à la vente Pion.

1079. — **Id.** Le même ouvrage. 2 vol. pet. in-8, bas. Avec
le frontispice **et le Supplément** de Laurès, mais plus
court de marges que l'ouvrage lui-même.

1080. — **Id.** Le même. 2 vol. pet. in-8, **maroq. rouge,**
jansén., tr. dor., avec le frontispice. *Bel ex. en reliure
ancienne, sans le Supplément.*

1081. — **Id**. Le même, 2 vol. pet. in-8, bas. marbrée, avec le frontisp, *sans le Supplément*.

1082. — **Id**. Le même. 2 vol. pet. in-8, v. gris, double fil., tr. peigne. *Bel ex. sans Supplément*.
Sur la garde de celui-ci on lit : « **Ex-libris Dévillé**, *sacristain et custode de S. Etienne de Lyon, 1759*.

1083. **Allut**. Recherches sur la vie et les œuvres du R. P. Menestrier. Lettres de ce Père à Guichenon, etc. *Lyon, L. Perrin*, 1856, gr. in-8, pap. vergé teinté, d.-ch. v. *Beau portrait et beaux fac-similés*.
On trouve dans ce vol. une Notice sur le Collège de la Trinité de Lyon. — Excellent ouvrage.

1084. Etrennes de la petite poste de Lyon pour l'année 1780, présentées à MM. les citoyens de cette ville. *Lyon*, in-64, br., rog.
On y trouve un *Eloge de Lyon* en vers.

1085. Vingtrinier (*Aimé*). Histoire de l'imprimerie à Lyon. *Lyon*, 1894, beau vol. gr. in-8, br. *Illustré de marques d'imprimeurs et de libraires*.

1086. (**Allut**). Inventaire des titres recueillis par Samuel Guichenon, précédé de la Table du Lugdunum sacroprophanum de P. Bullioud, et pièces inédites sur Lyon, *Lyon, L. Perrin*, 1851, in-8, d.-mar. r., tète dor., éb. *Planches*.
Tiré à très petit nombre, dit Guigard.

1087. **Vital de Valous. Les origines des familles consulaires de la ville de Lyon**. 1863. — Essai d'un nobiliaire lyonnais. 1864. — Supplément à l'essai d'un nobiliaire lyonnais. — Le domaine ordinaire de Lyonnais. 1865. Etienne Turquet et les origines de la fabrique lyonnaise. 1868. — Supplément à Etienne Turquet. — Notice sur Quincarnon. 1877. — Inventaires du trésor de l'église de Lyon, 1877. — *Ens. 8 br. en 1 vol.* gr. in-8, d.-ch. r., tète dor.
On sait que le travail sur **les origines des familles consulaires** mentionné ci-dessus est devenu introuvable. Le bruit a couru et court encore que l'édition entière aurait été lacérée et brûlée à petit feu. Cela est faux. Mais cela ne l'empêche pas d'ètre fort estimé et fort recherché. **Vendu 186 fr.** *tout seul*

aux enchères de la vente Buhot à Saint-Etienne; et **160 fr.** *de Verna.* **Ce nᵒ sera vendu avec le suivant.**

1088. Vital de Valous. Rabelais à Lyon, 1881. — Lettre à M. Morel de Voleine sur l'étymologie de la Guillotière. — 2ᵉ et 3ᵉ Suppléments à Etienne Turquet. — Inventaire des livres d'un Abbé de Valbenoîte, 1875. — Inventaire des biens d'un serrurier lyonnais, 1880. — Citoyens et bourgeois de Lyon. La Préconisation, 1876. — L'ancienne administration consulaire a-t-elle été gratuite? 1877. — Généalogie de la famille de Chaponay. 1882. — La chapelle de S. Jacquême ou de S. Jacques de Lyon. 1881. *Avec dessins de M. Steyert.* — Recherche des usurpateurs des titres de noblesse dans la généralité de Lyon, 1882. — L'entrée de Charles IX à Lyon, 1884. *Avec dessins de M. Steyert.* — Les Terriers. — Blanque à Lyon. — Lettres de naturalité pour Corneille de La Haye, peintre du Roi. — Une célébrité lyonnaise (le Marquis de Ragny). *Ens. 16 br.* en 1 vol. gr. in-8, d.-ch., tête dor.

Ce nᵒ avec le précédent forment à part quelques tirés à part qui manquent, **l'œuvre à peu près complète de M. de Valous.** *La plupart de ces opuscules sont fort rares.*

1089. Vital de Valous. Etienne Turquet et les origines de la fabrique lyonnaise. 1868. — Supplément à Etienne Turquet. — Inventaire des biens d'un serrurier lyonnais, 1880. — Rabelais à Lyon. — Les Terriers. 1882. — Généalogie de la famille de Chaponay. 1882. — La Chapelle de S. Jacquême ou de S. Jacques à Lyon. 1881. — Notice sur Quincarnon. 1877. — Inventaire des livres d'un Abbé de Valbenoîte. 1875. — Recherche des usurpateurs des titres de noblesse dans la généralité de Lyon. *Ens. 10 br.* en 1 vol. gr. in-8, d.-ch. r., tête dor.

Ce nᵒ sera vendu seul, faisant double emploi avec les deux précédents.

1090. Bussières (I. de), *Jésuite, né à Villefranche.* Scanderbegus, poema. *Lyon,* 1662, pet. in-8, mouill., bas. *Frontispice gravé et 12 figures à mi-pages.*

A la fin de ce vol. se trouve la description de **Villa Umbravallis,** Ombreval, château de Neuville, que possédait alors Camille de Neufville, archevêque de Lyon.

1091. Arquillière, *Curé de Saint-Romain*. Chemin du désert ou itinéraire et description de l'ermitage du Mont-d'Or, sur les bords de la Saône, près Lyon. *Lyon*, 1818, gros in-8, br.

1092. **De La Roche La Carelle.** Histoire du Beaujolais et des sires de Beaujeu, suivie l'Armorial de la Province. *Lyon, L. Perrin*, 1853, 2 superbes vol., gr. in-8. avec blasons, vignettes, maroq. vert, fil. et compart., dentell. intér., dos ornés, tr. dor. (*Hardy-Mesnil.*)

> Superbe ex. aux armes de Masséna, Prince d'Essling, Duc de Rivoli.

1093. — Le même ouvrage, 2 vol., gr. in-8, cart., non rog. *Vendu 40 fr. 50 vente L. Perrin, en même condition.*

1094. Guigue. Les voies antiques du Lyonnais, du Forez, Beaujolais, Bresse, Dombes, Bugey et partie du Dauphiné déterminées par les hôpitaux du moyen âge. *Lyon, Georg*, gr. in-8, br. *Grandes cartes.*

> Vendu 16 fr. vente Garcin.

1095. Rudiment élémentaire des droits naturels et civils à l'usage des habitants ruraux du **Beaujolois**, et Mémoire d'un membre de la Noblesse, lu à l'assemblée du département de Villefranche. S. l., 1788, in-8 de 88 pages, quelq. tach., non rog. *Très rare.*

> **Pièce rarissime** que l'on ne trouve même pas dans les catalogues de MM. Coste, Renard, Nouvellet....

1096. Beaujolais. *8 brochures diverses.*

1097. (**R. P. de Bussières**, *jésuite, natif de Villefranche.*) Mémoires contenans ce qu'il y a de plus remarquable dans Villefranche, capitale du Beauiolois. *Villefranche*, 1671, pet. in-4, taché et un peu court, bas. antiq , tr. dor.

> Livre rare surtout avec les 4 planches qui manquent ordinairement. Elles se trouvent dans cet ex. Mais la seconde est incomplète d'un fragment, et la quatrième (*Les joueurs d'échecs*) est raccommodée.
>
> C'est dans ce livre curieux que l'on trouve les singuliers priviléges accordés aux habitants de Villefranche, et notamment celui **qui permet au mari de battre sa femme, pourvu qu'elle n'en meure pas.** Voyez page 130 : « *Si Burgensis..... morialur,* »

1098. Louvet, *médecin*. Histoire de Villefranche capitale de Beaujolois. *Lyon, Gayet, rue de Confort*, 1671, in-12, cart., notes manuscrites anciennes.

> Petit livre rare dans lequel on trouve la liste des échevins de Villefranche de 1376 à 1670. — Le frontispice gravé manque. *Vendu 61 fr. vente Renard.*

1099. Guigue. Cartulaire de l'église collégiale N.-D. de Beaujeu et Tableau généalogique de la maison de Beaujeu. *Trévoux*, 1864, gr. in-4 de 64 pages, percal.,non rog.

> **Volume de toute rareté**, tiré d'ailleurs à 60 ex. seulement dont 45 mis dans le commerce, et depuis longtemps épuisés.

1100. — Le même, broché.

1101. Brisson, *de l'Acad. de Villefranche, Inspect. du commerce et manufactures de la Généralité de Lyon*. Mémoires historiques et économiques sur le **Beaujolais** ou Recherches sur les Princes de Beaujeu, la Noblesse, l'histoire naturelle, le commerce et l'industrie du Beaujolais. *Avignon*, 1770, in-8, br., non rog. *Hommage de l'auteur*.

> Livre très rare, inconnu aux bibliothèques de MM. Joseph Renard et Nouvellet.

1102. Bedin. Le fief de Prosny, ses possesseurs et les Seigneurs du voisinage. Origine de chaque famille ; faits mystérieux, drames, crimes et anecdotes, détails sur les fiefs. *Villefranche*, 1862, gr. in-8, papier fort, cart., non rog. *Planche*.

1103. Pagani (*Abbé*). La Seigneurie de Belmont d'Azergues en Lyonnais. *Lyon*, 1892 in-8, pap. teinté, br. *Planches*.

> C'est un des rares ex. possédant les deux personnages de la planche de la page 30. **L'un d'eux a été supprimé** dans les autres exemplaires.

1104. Guigue. Chronique de Benoît Maillard, grand prieur de l'abbaye de Savigny en Lyonnois (né à Savigny en 1431). *Lyon, L. Perrin*, 1883, in-12, sur Holl., br.

1105. Cochard. Statistique de Condrieu. In-8 de 77 pag., d.-ch.

> Chapitre complet extrait d'un Almanach de Lyon.

1106. Vachez. Etude historique sur le canton de Moinant. **La Baronnie de Riverie.** Sainte-Catherine. Saint-André. Saint-Sorlin. Chaussan. Saint-Didier. *Lyon*, 1872, in-8. br. Gravures. *Rare.*

1107. Forez. *8 brochures diverses.*

1108. Bernard (*Aug.*). Description du pays des Ségusiaves. *Lyon, A. Brun*, 1858, gr. in-8, d.-mout. *Carte, planches et figures.*
> AUX ARMES DE GOMEZ DE LA CORTINA.

1109. Javelle. Le royal monastère de Chazeaux. Chronique Forézienne et Lyonnaise, 1870, in-8, br. — René Favre. Le Bien public pour le fait de la justice. *Lyon, L. Perrin*, 1867, in-8, vergé teinté, br. *Avec des fac-similés.*

1110. **De Charpin et Guigue.** Cartulaire du prieuré de S. Sauveur-en-Rue en Forez, dépendant de La Chaise-Dieu, 1062-1401. Avec notice historique. *Lyon, L. Perrin*, 1881, gr. in-4, br.
> Livre précieux pour l'histoire de la partie du Forez, dite le **Forez-Viennois.** Il intéresse aussi le **Viennois**, proprement dit, ainsi que le **Velay** et le **Vivarais.**

1111. **De Charpin-Feugerolles.** Cartulaire des francs-fiefs du Forez. 1090-1292. *Lyon, L. Perrin*, 1882, gr. in-4, br.
> Un certain nombre de familles Foréziennes y trouveront quelques-uns de leurs titres les plus anciens et les plus importants. A la fin, **M. Vincent Durand** a inséré des notes sur les noms de familles et de lieux.

1112. Niepce. Archéologie Lyonnaise. Les stalles et boiseries de Cluny à la cathédrale de Lyon. Les chartes et l'abbaye de Cluny. Le cabinet des antiques et le médaillier du collège de la Trinité. Autres médailliers. *Lyon, Georg*, gr. in-8, br. *Avec figures*

1113. **Niepce.** Histoire du Canton de Sennecey-le-Grand. *Lyon*, 1875, 2 vol., gr. in-8, br. *Ouvrage difficile à trouver, surtout le second volume.*

1114. **Chorier.** Estat politique de la province de Dauphiné. *Grenoble*, 1671, 4 vol. pet. in-12, bas.
> Bel ex. de cet ouvrage rare. — L'ex. de la vente Lebeuf de Montgermont, en d.-mar. noir, **vendu 200 fr.**

1115. Chorier. Estat politique de la province de Dauphiné. *Grenoble*, 1671, 4 vol. — Histoire de Dauphiné abrégée. *Grenoble*, 1674, 2 vol.

Ensemble 6 vol. pet. in-12 reliure uniforme, en bas. ancienne.

1116. Prudhomme. Histoire de Grenoble. *Grenoble*, 1888, gr. in-8, br.

1117. Coston (*Baron de*). Origine, étymologie et signification des noms propres et des armoiries. *Paris*, 1867, gr. in-8, br. *Exemplaire sur papier teinté*.

Ouvrage estimé devenu rare. *(Vendu 21 fr. dans le même état en 1897 à la vente d'un Bibliophile de l'Isère à Lyon.)*

1118. Brun-Durand. Le Dauphiné en 1698, suivant le Mémoire de l'intendant Bouchu. Notes, dissertations et commentaires. *Lyon*, 1873, gr. in-8, br. *Avec un tableau chronologique des Comtes de Valentinois*.

1119. Douglas et Roman. Actes et correspondance du **Connétable de Lesdiguières**. *Grenoble*, 1878, 3 vol., gr. in-4, br.

1120. Calvet-Rogniat. Cremieu ancien et moderne. *Lyon*, 1848, gr. in-8 taché, br. *Plan et 6 jolies vues*.

1121. Dauphiné. *7 brochures diverses*.

1122. Terrebasse (A. de). Relation des principaux événements de la vie de Salvaing de Boissieu. Critique de sa généalogie et notice historique. *Lyon, L. Perrin*, 1850, in-8, br. *Blasons*.

1123. Le Camus, *Evêq. de Grenoble*. Ordonnances synodales, 1690, in-12, v. — Jean Duret. Paraphrase sur le style de la seneschaucée du Bourbonnois. *Lyon*, 1571, pet. in-8, dérél. — De Caillière. Le courtisan prédestiné ou le duc de Joyeuse capucin, pet. in-8, d.-bas. Incomplet du titre. *Joli portrait*.

1124. Guy Allard. Mélanges publ. par H. Gariel. Réimpression de plaquettes rarissimes. *Grenoble*, 1864, in-8, br.

On y trouve l'**Histoire des comtes de Graisivaudan et d'Albon, dauphins de Viennois.**

1125. Maillefaud (H. de). Recherches historiques sur le monastère royal ou chapitre noble de Montfleury, près Grenoble, de l'ordre de S. Dominique. **1857**, gr. in-8, d.-ch. r. *Planches.*

1126. **Chorier.** De Petri Boessatii vita. *Gratianopoli,* 1680, pet. in-12, bas.
> *Dans le même vol :* De Dionysii Salvagni Boessii Delphinatis vita, 1680. — Nic. Chorerii Viennensis carminum liber, 1680.
> *Piqûres de vers dans le bas des marges.* Le même recueil **vèndu 51 fr.** Vente Salvaing de Boissieu, n° 1294.

1127. Mémoires de M. Deagent (contenant la Relation de Messire Guillaume d'Hugues, archevesque d'Embrun). *Grenoble,* 1668. — *Et à la suite :* Mémoires de Messire Gaspar de Colligny, admiral de France. *Grenoble,* 1670, pet. in-12, bas.
> Deagent était de Saint-Marcellin, et premier Président de la Chambre des Comptes de Grenoble.

1128. Savigné. Fastes de la ville de Vienne. Manuscrit inédit de Cl. Charvet, archidiacre de Vienne ; avec notes et notice sur l'aut. *Vienne,* 1869, gr. in-8, br. — Id. Guide à Vienne. 1877, in-8, br., *figures.*

1129. Crozet. Mémoires de Nicolas Chorier de Vienne, sa vie et ses affaires. *Grenoble,* 1868, in-8, br. — A. de Terrebasse. Relation de la vie de Salvaing de Boissieu. *Lyon,* 1850, in-8, br. *Blasons.*

1130. Fochier. Souvenirs historiques sur Bourgoin. *Vienne,* 1880, in-8, br.

1131. Mermet. Histoire de la ville de Vienne. *Paris,* 1828-1833, 2 vol. in-8, br.
> Ce sont les 2 premiers vol. de cet ouvrage. Ce sont aussi les plus rares. Le tome III⁰, publié en 1854, se trouve facilement.

1132. Advielle. Histoire de l'Ordre de S. Antoine de Viennois et de ses commanderies. *Paris,* 1883, gr. in-8, br. illustré. (*1ʳᵉ partie seule parue.*) — Docteur Chevalier. Petit Armorial Romanais. *Vienne,* 1877, br., gr. in-8.

1133. **Missale** ad usum provinciæ Viennensis ; *Gratiano-*

poli. 1784, in-fol., texte encadré, maroq. n.,fil.,compart ,
tr. dor. (*Rel. anc.*)

1134. Almanach ecclésiastique militaire et civil du **Viennois**. Années 1784 et 1786, 2 vol. in-32, br., rog. *Rares.*

1135. Recherches sur les précieuses reliques vénérées dans
la Sainte église de Vienne, par le curé de S. Maurice.
Vienne, 1876, gr. in-8, br.

Voyages. — Angleterre. — Allemagne. Suisse. — Italie. — Grèce. — Afrique. Orient. — Chine. — Amérique.

1136. **Le Tour du Monde**. Nouveau journal des voyages, par Ed. Charton. *Paris,* 1860-1872. Ens. 24 vol ,
gr. in-4, d.-bas. Les 2 derniers sont br. *Belles illustrations.*

1137. Voyages. 14 vol., in-12, br.
> La colonie féodale en Amérique. *2 vol.* La guerre d'Amérique,
> *2 vol.* Le Caire. Le Monténégro. Syrie, Palestine et Judée.
> Souvenirs de la côte d'Afrique. Les Montagnes Rocheuses. En
> visite chez l'oncle Siam. Une visite chez Soulouque. L'Espagne,
> etc.

1138. **Collection** des Mémoires relatifs à la Révolution
d'Angleterre. *Paris,* 1827, 25 vol., in-8, d.-v., non rog.
Ex. Jos. Renard.
> Mémoires de Warwick, de Jaques II, de Clarendon, de Lud-
> low, de Burnet, de mistriss Hutchinson, etc.

1139. Sur l'Angleterre, 7 vol., in-12, br.
> Hist. de Marie Stuart. Scandales de Londres. La vérité sur
> Marie Stuart. La traite des vierges à Londres. Parnell, sa vie.
> L'affaire Colin-Campbell. Projets de mariage de la reine Elisa-
> beth.

1140. Notice sur la collection des portraits de Marie Stuart,
appartenant au Prince Lobanoff. *S. Pétersbourg,* 1856,
gr. in-8, d.-v. rouge, dos orné, tête dor., éb. *2 planches.*

1141. Guizot. Histoire de la révolution d'Angleterre, *2 vol.*

Sir Robert Peel. Pourquoi la Révolution d'Angleterre a-t-elle réussi ? *Paris*, 1850. Ens. 4 vol , in-8, br.

1142. Sur l'Allemagne. 10 vol., in-12, br.

> Le fonds des reptiles. Le prince de Bismarck. Ce que l'on ne peut pas dire à Berlin. Le duc de Brunswick...

1143. **Beaurain** (*Chevalier de*). Histoire militaire de Flandre de 1690 à 1694, qui comprend le détail des marches, campements, batailles, sièges, etc... *Paris*, 1755, 5 part. en 2 vol., gr. in-fol., d.-bas., dos ornés. (*Rel. anc.*)

> Cet ouvrage est du **Comte de Boisgelin** publié sous le nom de Beaurain. Il renferme de superbes frontispices et vignettes d'**Eisen**, grav. par Tardieu, Lempereur, **Choffard**, etc... et 147 belles cartes.

1144. Histori festzug zur fryer des 700 jahrigen jubilaeum. *Munchen*, in-fol., d.-ch. r., 14 pl. de double grandeur. (*28 scènes de cavalcade.*)

1145. **Almanach de Gotha**. Annuaire généalogique, diplomatique et statistique, 38 vol., in-32 et in-18, percal. *Jolis portraits.*

> Années 1839, 1840, 1844, 1847 à 1856, 1858 à 1866, 1868 à 1870, 1872 à 1875, 1877, 1878, 1884 à 1887, 1890, 1892.
> Plus 2 Almanachs de Gotha *en allemand*. — Et *en double :* 1848, 1872, 1873, 1875. (*Ens. 44 vol.*)

1146. Xavier Marmier. Voyage pittoresque en Allemagne. Partie méridionale. *Paris, Morizot*, 1859, gr. in-8, d.-ch., pl. toile, tr. dor. *Nombreuses gravures.*

1147. Broglie (*Duc de*). Frédéric II et Marie-Thérèse. *Paris*, 1883, 2 vol., in-8, br.

1148. (Frédéric II, *roi de Prusse*). Mémoires pour servir à l'histoire de la maison de Brandebourg. *Berlin*, 1751, in-12, d.-bas. (*R.l. anc.*)

> Grands tableaux généalogiques et grandes cartes. Le Privilège du Roi entièrement gravé est fort joli.

1149. **Maréchal de Saxe**. Mes rêveries, ouvrage posthume de Maurice, comte de Saxe, augmenté d'une histoire de sa vie par l'abbé Pérau. *Amst. et Leipsiz*, 1757, 2 vol., in-4, v. m.

> Ex. en grand papier avec de nombreuses cartes, plans et gravures. **Le tout colorié.** *Ouvrage estimé.*

1150. **Parival (de)**. Abrégé de l'histoire de ce siècle de fer, contenant les misères et calamitez des derniers temps, leurs causes. *Sur l'imprimé à Leyde*, 1654, pet. in-8, parch.

1151. Durand (*Hipp*). Le Rhin Allemand et l'Allemagne du Nord. *Tours, Mame*, 1865, gr. iu-8, d.-ch. v., tr. dor. *Illustré*.

1152. Daurignac. Vie de Maximilien d'Este, archiduc d'Autriche, grand-maître de l'ordre teutonique. *Paris*, 1863, in-8, br. *Portrait et gravures*.

1153. La Garde (*Comte de*). Fête et souvenirs du congrès de Vienne. Tableaux des salons. Scènes anecdotiques et portraits. 1814-1815. *Paris*, 1843. 2 vol. in-8, d.-ch. *Portrait et gravure*.

1154 (Malingre). Histoire générale de la **rébellion de Bohème**, contenant la vie et exploicts de guerre du comte de Buquoy, général des armées impériales. La guerre menée en Hongrie contre le prince de Transsylvanie. Les Traictez faits par l'Empereur. La sanglante bataille gaignée devant Prague. Exploicts du marquis de Spinola. Victoires et combats. La réduction de la Bohème... *Paris*, 1623, gros vol. pet. in-8, petit. piqûres, bas.

> Beau portrait de Ch. de Longueval, comte de Buquoy, et 2 planches de batailles.

1155. Walsh (Comte). Voyage en Suisse, en Lombardie et en Piémont. *Paris*, 1834, 2 vol. in-8, taches de rouss., br. *Avec 8 jolies vues*.

1156. Xavier Marmier. Voyage en Suisse. *Paris, Morizot*, 1862, gr. in-8, d. ch. v. *Nombr. gravures et costumes coloriés*.

1157. Album de gravures. Gr. in-fol., quelq. taches, cart. Il est composé de 61 planches renfermant 115 vues (dont 108 de format in-4 et 7 in-fol). — Plus les 7 grandes **vues de Lyon, de Guindrand,** *épreuves sur Chine*.

> **Les autres vues concernent spéc ialement la Suisse** quelques-unes l'Autriche et le département de l'Ain. *Dessinées par Le Barbier, Perignon, Brandouin, etc.*

1158. De Saussure. Voyages dans les Alpes et essai sur l'histoire naturelle des environs de Genève. *Neuchâtel*, 1779, 2 vol. in-4, bas. (Tome 1 et 2 seuls). *Grandes planches.*

1159. **Martin** (*Alex.*).La Suisse pittoresque et ses environs. Tableau des 22 cantons, de la Savoie, d'une partie du Piémont et du pays de Bade. *Paris*, 1835, in-4, cart. *Nombreuses gravures.*

1160. Desbarolles. Un mois de voyage en Suisse pour 200 francs, y compris les frais de voitures... *Paris*, 1840, in-12, d.-bas. *Rare.*

1161. Grey(*Lieut.-gén.*). La jeunesse du Prince Albert, trad. par Mme de Witt. 1868, in-8, débroché. — La Marmora (*Général*). Un peu plus de lumière, 1874, in-8, br. — Benedetti. Essais diplomatiques. 1895, in-8, br.

1162. Histoire du Prince Eugène de Savoye, Généralissime des armées de l'Empereur. *Vienne en Autriche*, 1790, 5 vol. in-12, br., non rog. *Cartes, plans de batailles, portrait.*

    Par Mauvillon, né en Provence.

1163. Le Président de Brosses en Italie. Lettres familières écrites en 1739 par Ch. de Brosses (né à Dijon). *Paris*, 1858, 2 vol. in-12, d.-v. r., tr. peigne.

1164. Saint-Réal (de). Conjuration des Espagnols contre Venise. *Paris, Impr. de Monsieur*, 1788, in-18, d.-maroq. r., tr. dor. (Rel. anc.). *Portrait et 2 vues de Venise.*

1165. Almanacco Toscano. *Firenze*, 1847, gros in-18, portraits, mout. rouge, dos et plats ornementés, fil., tr. dor. Dans un étui carton.

    Aux armes du Grand-Duc de Toscane.

1166. **Narrazione** delle solenni reali feste fatte celebrare in Napoli da S. M. il Re delle Due-Sicilie, Carlo infante di Spagna, Duca di Parma.... per la nascita del suo primogenito Filippo. *In Napoli*, 1749, grand in-fol., bas., larges dentell., tr. dor. *Aux armes du Roi des Deux-Siciles.*

    Magnifique frontis. et 15 autres superbes et grandes planches **(scènes de bals et de fêtes).**

1167. Sur l'Italie. 9 vol. in-12, br.

> De Goncourt. L'Italie d'hier. — Louis Colet. L'Italie et les Italiens. — Th. Gautier. Italie. — De Ségur. Un hiver à Rome. — De Becdelièvre. L'armée pontificale, *etc.*

1168. Cérémonies de S. Pierre de Rome. Album in-fol., obl., cart. 7 pl. gravées, COLORIÉES, et 2 autres pl.

1169. **Bonaparte** (Jacques), *témoin oculaire.* Sac de Rome, écrit en 1527, trad. de l'ital. par N. L. B. *Florence,* 1830, in-8, d.-ch. r., tête dor.

> Ex. avec la couverture gravée, les portraits de L.-N. Bonaparte et de Clément VII, le titre gravé et 3 pl. avant la lettre. — Le traducteur, **Napoléon-Louis Bonaparte** était le frère aîné de Napoléon III.

1170. **Choiseul-Gouffier** (*Comte de*). Voyage pittoresque de la Grèce. *Paris,* 1782, 3 vol. gr. in-fol., d.-v. bl. *Beau portrait de l'aut. gravé par Dien, d'après Boilly. (Ex. de M. Chenavard, architecte.)*

> Les cartes de cet ex. sont montées sur onglets et collées sur toile. — Ouvrage d'un grand intérêt et d'une exécution artistique remarquable, surtout comme gravure.

1171. Histoire des Etats Barbaresques qui exercent la piraterie. Origine, révolutions et état présent des royaumes d'Alger, Tunis, Tripoli, Maroc. *Paris,* 1757, 2 tom. en 1 vol., in-12, v. m.

> Par Laugier de Tassy, et traduit par Boyer de Prébandier, *Périgourdin.*

1172. Labat (R. P.), *Dominicain.* Mémoires du Chevalier d'Arvieux, contenant ses voyages à Constantinople, Asie, Syrie, Palestine, Egypte. Barbarie, et description de ces pays. *Paris,* 1735, 6 vol., in-12, tachés, v. m., écornés.

> (18 à 24 fr. dit Brunet.)

1173. **Guer.** Mœurs et usages des Turcs. *Paris,* 1747, 2 vol., in-4, v. br.

> Ex. en grand papier avec de très belles gravures de **Boucher, Duflos, Hallé.** Jolies vignettes et grandes vues de Constantinople. (*Cohen : 30 à 40 fr.*)

1174. Lettres de Nedim Coggia et autres lettres Turques. *Amst., P. Mortier,* 1732, in-18, v. f.

> AUX ARMES DE LA COMTESSE DE VERRUE.

1175. W. Vincent. Voyage de Néarque, de l'Indus à l'Euphrate, ou Journal de l'expédition de la flotte d'Alexandre trad. par Billecoq. *Paris, an VIII*, gr. in-4, d.-mout. r. *Grandes cartes.*

> Ouvrage important pour l'étude de la géographie ancienne. (*Brunet.*)

1176. Roy. Quinze ans de séjour à Java et dans l'archipel de la Sonde. Souvenirs d'un ancien officier de la garde royale. *Tours, Mame*, 1863, gr. in-8, br. *Gravures.*

1177. Bory de S. Vincent, *Officier français*. Essais sur les Isles Fortunées et l'antique **Atlantide**, ou précis de l'histoire générale de l'archipel des Canaries. *Paris, an XI*, in-4, d.-bas., avec dos abîmé. *Grandes cartes et planches.*

1178. Collection historique ou Mémoires pour servir à l'hist de la guerre terminée par la paix d'Aix-la-Chapelle en 1748. *Londres*, 1758, in-12, v. Avec plans.

> On y trouve le Journal du voyage fait aux **Indes** en 1746, sur l'escadre française armée en guerre, par M. de Rostaing. — La relation du siège de **Pondichéry** levé par les Anglois.

1179. Alexandre de Rhodes (*Jésuite, né à Avignon*). Divers voyages de la Chine et autres royaumes de l'Orient, avec retour par la Perse et l'Arménie. *Paris*, 1681, in-4, v.

> Séjour à Lisbonne et à Goa. Arrivée à Ceylan. Macao. Cochinchine et **Tunkin**. Macassar...

1180. (Gervaise.) Description historique du royaume de Macaçar. *Ratisbonne*, 1700, pet. in-8, front. gravé, bas.
> Ex-libris armorié de René de Charezieu, 1733.

1181. **Du Halde** (R. P.), *Jésuite*. Description géographique, historique, chronologique, politique et physique de l'empire de la Chine et de la Tartarie Chinoise. *Paris*, 1735, 4 vol., gr. in-fol. (probablement en grand papier), maroq. bleu, triple fil. **Reliure ancienne un peu écorchés.**

> Nombreuses et fort belles planches de costumes et autres, et grandes cartes.

1182. **Moyriac de Mailla** (R. P. de), *Jésuite*. Histoire générale de la Chine ou Annales de cet empire, publ. par

l'abbé Grosier et Le Roux des Hautesrayes. *Paris*, 1777-
1785, 13 vol., in-4, bas. racine. *Bel ex.*
> L'auteur natif du Bugey, mourut à Pékin.

1183. Kaempfer. Histoire de l'empire du Japon. *Amst.*,1732,
3 vol., in-12, d.-bas. (Rel. anc.) *Cartes, plans et gravures.*
Turpin, Histoire civile et naturelle du royaume de Siam.
Paris, 1771, 2 vol., in-12, v. m.

1184. Hales. Histoire des tremblements de terre arrivés à
Lima, capitale du Pérou. Avec la description du **Pérou**
La Haye, 1752, in-12, v. m. *Plans, cartes et jolies figures
de costumes.* — Histoire naturelle et civile de la **Califor-
nie**. *Paris*, 1767, 3 vol., in-12, v. m. *Avec carte.* — Tableau de **Cayenne** ou de la Guiane française. *Paris*,
an VII, in-8, d.-bas.

Voir le nº 608 de ce catalogue concernant l'Amérique.

1185. Remy. Voyage au pays des Mormons. *Paris*, 1860,
2 vol., gr. in-8, br. *10 grav. sur acier et carte.*

1186. Rapport du commissaire du bureau général des terres
publiques aux Etats-Unis pour 1866. *Washington*, 1867,
gr. in-8, percal. *Avec une très grande carte des Etats-
Unis.*

1187. Saint-John de Crève-Cœur. Lettres d'un cultivateur
américain. *Paris*, 1787, 3 vol., in-8, bas. Grandes cartes
et jolies fig. de Martini. (*Plus 5 autres vol. in-8 sur
l'Agriculture.*)

Biographie. — Archéologie. — Numismatique.

1188. Mirecourt (Eug. de). Les Contemporains (Environ
100 biographies), en 20 vol., in-18, d.-bas.v. *Portraits et
fac-similés.*

1189. **Jal.** Dictionnaire critique de biographie et d'histoire.

Paris, 1867, fort vol., gr. in-8, d.-ch. *Nombreux fac-similés de signatures.*

> Excellent livre, indispensable aux vrais bibliophiles. (*Bru-
> net. Suppl.*)

1190. Le Roux de Lincy. Recherches sur Jean Grolier, sa
vie et sa bibliothèque. Avec le catalogue de ses livres.
Paris, 1866, fort vol., gr. in-8, pap. de Holl., d.-mar. r.,
tête dor., éb. *Très jolies pl. reproduct. de reliures anciennes.*

1191. **Du Verdier**, *sieur de Vauprivas, Gentilhomme
forésien.* Prosopographie ou description des hommes
illustres. *Lyon, Paul Frellon*, 1605-1615, 2 tom. en 3 vol.
in-fol. avec piqûres de vers au 1er volume, 3 beaux titres,
gravés, bas., fil. *Reliure de l'époque, mais fripée et
écornée.*

> Nombreux bois gravés dans le texte.

1192. Bernard (*Aug.*). Notice historique sur la bibliothèque
La Valette (Laurent Pianelli). *Lyon*, 1854, gr. in-8, d.-ch. r.

> Cette bibliothèque formée à Lyon vers la fin du xviie siècle,
> était composée de livres et manuscrits vraiment rares.

1193. France. Description historique et bibliographique de
la collection de feu M. le comte de La Bédoyère, sur la
Révolution, l'Empire et la Restauration. *Paris*, 1862, fort
vol., gr. in-8, dos et c. v. f., dos orné, fil., tête dor.,
éb. *Portrait.*

1194. — Le même, broché.

1195. Gazette de France (Table ou abrégé des 135 vol. de
la) depuis 1631 à 1765. *Paris*, 1766, 3 vol. in-4, parch.

1196. Rich et Cheruel. Dictionnaire des antiquités romaines
et grecques. *Paris, Didot*, 1859, pet. in-8, d.-ch. *2,000 gravures.*

1197. (Paucton). Métrologie ou traité des mesures, poids
et monnaies des anciens peuples et des modernes. *Paris*,
1780, in-4, v. écaille, fil.

1198. Budaei (Guill.) *Parisiensis.* De asse, et partibus ejus.
Paris, Vascosan, 1541, in-fol., bas.

> Lugdunense argyrocopium *p. 109.* Gula Romanorum. Ara
> Lugdunensis. Massilienses dotes. Lugdunus urbs.....

1199. Cohen. Description générale des monnaies de la République romaine, communément appelées **Médailles consulaires**. *Paris*, 1857, in-4, d.-ch. r , éb.

Livre rare orné de 75 pl. gravées contenant une multitude de monnaies.

1200. Cohen (*Henry*). Description historique des monnaies frappées sous l'empire romain, communément appelées **Médailles impériales**. *Paris*, 1859-1862, 6 vol. gr. in-8, pap. vergé, d.-ch. v., plats toile, tr. dor.

Edition rare bien complète ornée d'environ 120 planches de monnaies.

Blason. — Noblesse. — Armoriaux des Provinces. — Généalogies particulières. — Noblesse étrangère.

1201. Menestrier. Le véritable art du blason ou l'Usage des Armoiries. — Les Recherches du blason, seconde partie de l'Usage des armoiries. *Paris*, 1673, 2 vol. pet. in-12. (Le 1er en bas. Le 2e en parch.). *Planches*.

« Ce second ouvrage est des plus rares. M. Leber assure que ce n'est qu'après 15 ans de recherches qu'il a fini par le trouver au fond d'un sac. » (*Allut. p. 151*).

1202. Les éléments de l'histoire. Principes du blazon. In-12, d.-bas. v. *22 pl. contenant 250 armoiries*.

Chapitre complet extrait de l'abbé de Vallemont.

1203. Magny (*Marquis de*). Nouveau traité historique et archéologique de la vraie et parfaite science des armoiries. *Paris* (1845), fort vol. gr. in-4, chagrin bl., fil. dos et plats entièrement dorés et ornements d'armoiries, tr. dor. *Tome Ier seul avec blasons et vignettes et 52 belles planches d'armoiries en chromo.*

Cet ex. possède une dédicace manuscrite de l'auteur, à l'encre bleue, rouge et noire, avec enluminures A Son Altesse Royale Monseigneur le Comte de Paris.

1204. — **Id**. Le même ouvrage, tome 1er seul également, même reliure. *Mais sans la dédicace manuscrite.*

1205. **Menestrier**. Nouvelle méthode raisonnée du blason ou de l'art héraldique. *Lyon*, 1770, in-8, v. m. *Avec 50 planches.*
> Edition recherchée, la plus complète de toutes, publiée par Lemoine, archiviste du chapitre de Lyon.

1206. Magny (*Vicomte de*). La Science du blason et Armorial général des familles nobles de l'Europe. *Paris*, 1858, 2 livrais., gr. in-8, br. *Blasons.*

1207. **Menestrier**. Le véritable art du blason et la pratique des armoiries. *Lyon*, 1671, pet. in-12, v. f., triple fil., tr. dor. (*Gloss*).
> AUX ARMES DU MARQUIS DE LAGRANGE.

1208. Menestrier. La nouvelle méthode raisonnée du blason par demandes et réponses. *Lyon*, 1754, in-12, v. m. *Planches.* — Id. Le véritable art du blason et l'origine des armoiries. *Lyon*, 1672, pet. in-12, parch. *Planches.*

1209. Pianelli de La Valette (*Attribué à*). Abrégé nouveau et méthodique du blason. *Lyon*, 1705, pet. in-12, bas. *Planches.* — Menestrier. Véritable art du blason, 1659, in-18, bas. antiq. *8 planches.*

1210. Vitton de Saint-Allais. Tablettes chronologiques des maisons souveraines de l'Europe. *Paris*, 1812, in-18, d.-bas.

1211. Mémorial de chronologie généalogique et historique. *Paris*, 1754, gros in-32, maroq. v., fil., écorné, gardes en soie, tr. dor. (*Rel. anc.*).

1212. Mémorial de chronologie généalogique et historique. Années 1752 et 1754, 2 vol. in-16, v. *Rel. différ.*

1212 *bis*. Lamathière. Panthéon de la Légion d'honneur. 3 vol. gr. in-8. br.

1213. De Chergé. Lettres d'un paysan gentilhomme relatives aux noms et titres nobiliaires. *Poitiers*, 1860, in-8, br. — A. de Foras. Le droit du Seigneur au moyen âge. Etude historique et critique. *Chambéry*, 1866, pet. in-8, br.

1214. **Paradin** (*Claude*). Alliances généalogiques des rois et princes de Gaule. *Lion, par Jan de Tournes*, 1561, in-fol., mouillé, titre froissé, bas., écorné. *Nombreux blasons.*

1215. La Curne de Ste Palaye. Mémoires sur l'ancienne chevalerie. *Paris*, 1759, 2 vol. in-12, v. m.

1216. Chevallier des Clozeaulx. Privilèges des papes, empereurs, roys et princes en faveur de l'ordre de S. Jean de Hiérusalem. *Paris*, 1659, in-4, titres gravés, taché, dérélié.

1217. Magny (de). Archives nobiliaires. Bulletin du collège archéologique et héraldique de France. *Paris*, 1843, gr. in-8, taches de rouss., br. *Blasons et décorations en chromo.*

> Ordres de chevalerie. Ordre de Malte. Ordre du Christ. Ordre de S. Grégoire. Ordre de S. Sylvestre, *etc.*

1218. **Mazas** (Al.), *officier d'état-major*. Histoire de l'ordre royal et militaire de S. Louis depuis son institution jusqu'en 1830; terminée par Théodore Anne, ancien garde du corps du Roi. *Paris*, 1860, 3 vol. gr. in-8, d.-ch. r.

1219. Baudoin et de Naberat. Histoire des Chevaliers de l'Ordre de S. Jean de Hiérusalem, contenant leur admirable institution et police, guerres de la Terre-Saincte, batailles.... *Paris*, 1659. — Sommaire des privilèges octroyez à l'Ordre de S. Jean.... — Malthe suppliante aux pieds du Roy. *Ens. 3 part.* en 1 vol. in-fol., d.-bas. *Portraits; frontispice de* **Crispin de Pas**, *vues de villes, etc.*

1220. Almanach royal. 7 vol. in-8, v., plus un autre en basane.

> **Seront vendus séparément :**
> 1705, 1708, 1710, 1729, 1739, 1774, 1820.

1221. Etat de la noblesse. 1782, 2 vol. in-12, v. noir, fil., tr. rouges. *Bel ex.*

1222. Etat de la Noblesse. *Paris*, 1781, 1 vol. — 1783, 1 vol. 1784, 2 vol. *Ens. 4 vol.* in-18, bas. *Blasons dans le texte et planches d'armoiries.*

> L'année 1781, dorée sur tranches, porte le nom de l'auteur, M. de La Chenaye-Desbois.

1223. Almanach royal. 5 vol. in-8.
   1751, veau, 1773, veau. 1789, dérélié. 1792, v., lil., tr. dor.
   1814-1815, gros vol. d.-bas.

1224. **Etat de la Marine**. *Paris*, 1782-1784-1787. Ens.
   3 vol. (dont 2 in-32 et un in-18), br., rog. *L'année 1787
   fortement tachée.*

1225. Etrennes de la Noblesse ou Etat actuel des familles
   nobles de France. *Paris*, 1771-1778-1779. *Ens. 3 vol.* in-18,
   v. m., dont 2 avec titres gravés.

1226. Veuillot(L.). Le droit du Seigneur au moyen âge. *Paris*,
   1854, in-12, d.-ch. r.

1227. **Jouffroy d'Eschavannes**. Armorial universel et
   Traité complet de la science du blason. *Paris, Curmer*,
   1844, 2 vol. gr. in-8, taches de rouss., chagrin rouge,
   compartim. à froid. *Nombreuses planches d'armoiries en
   chromo.*

1228. — Le même ouvrage, 1844, gr. in-8, percal. dorée,
   enluminée de l'édit., tr. dor. *Belles pl. en chromo.*

1229. De La Chesnays-des-Bois. Dictionnaire généalogique,
   héraldique, chronologique et historique. Etat actuel des
   maisons de France, provinces, villes, terres, érigées en
   Duchés, Marquisats, Comtés, Vicomtés, Baronnies.....
   Paris, 1757, 6 vol. pet. in-8, v., écorn. *Petite différ. dans
   la dorure des vol.*

1230. (**Chazot de Nantigny**).Tablettes historiques, généalogiques et chronologiques, comprenant les terres érigées
   en titres de Marquisat, Comté, Vicomté, Baronnie, etc....
   Paris, 1749-1757, 8 vol. in-16, v. f., triple fil., dos ornés,
   tr. dor. Bel ex. (*Petit-Simier*).

1231. — Les mêmes. 8 vol. reliures variées, veau et basane.

1232. Segoing. Armorial.... In-4, état très médiocre. *Nombreuses et belles armoiries.*

1233. (Chazot de Nantigny.) Les Généalogies historiques
   des rois, empereurs et de toutes les maisons souveraines.
   Généalogies des Ducs et Comtes de Bourgogne. *Id.* de la

Maison royale de France. *Paris,* 1736, 4 vol., in-4, v. *Blasons.*

> Cet ex. disloqué aurait besoin d'une autre reliure pour le consolider. — « Ouvrage curieux et d'une grande exactitude. » (*Guigard.*)

1234. Borel d'Hauterive. Annuaire de la Noblesse de France et des maisons souveraines de l'Europe. *Paris* (de la septième année 1849 à 1888. L'année 1887 manque.) **Ensemble 37 vol.**, in-12, d.-ch. bl., dos ornés. Reliure uniforme. — Plus les années 1889, 1891, 1893 brochées.

1235. — En double, les années 1851, 1862, 1882 reliées, et 1884 br.

1236. Roger. La Noblesse de France aux croisades. *Paris,* 1845, gr. in-8, taches de rouss., d.-ch. r. *Nombreuses grav. sur Chine.*

> Ce livre donne le nom des familles qui fournirent des combattants aux croisades, et qui comptent encore des représentants.

1237. **De Courcelles.** Dictionnaire universel de la noblesse de France. *Paris,* 1820, 5 vol., in-8, d.-bas.

> Ouvrage estimé et peu commun. — Contient beaucoup de notices curieuses sur l'ancienne chevalerie et autres pièces intéressantes sur la noblesse. (*Guigard.*)

1238. Vallet de Viriville. Armorial de France, Angleterre, Ecosse, Allemagne, Italie, composé vers 1450 par Gilles Le Bouvier, dit Berry, premier roi d'armes de Charles VII. *Paris,* 1866, in-4, pap. vergé., br. *Blasons.*

1239. Silhol. Lettres inédites de d'Hozier et de du Castre d'Auvigny sur l'Armorial et l'Hotel royal du dépost de la noblesse. *Paris, Jouaust,* 1869, in-12, sur Holl., br. *Fac-similés.*

1240. **De Magny et de Givodan.** Livre d'or de la Noblesse de France. *Paris,* 1844-1852 (tomes 1, 2, ?, 5). 4 vol., gr. in-4, percal. dorée, tr. dor.

> Nombreuses et grandes armoiries en chromo et blasons dans le texte. — Le 5e vol. est intitulé : *Livre d'Or de la Noblesse européenne.*

1241. — Id. Les tomes 1 et 2 seuls, même reliure.

1242. — Id. Le tome 2 seul, broché.

1243. Waroquier de Combles. Tableau généalogique historique de la noblesse. *Paris*, 1786, pet. in-12, bas. Blasons. *Rare.*

1244. Waroquier de Combles. Tableau généalogique historique... de la Noblesse. *Paris*, 1787, 5 vol., in-18, br.,
rognés, ayant gravement souffert de l'humidité. *Tomes
2, 3, 4, 6, 7, seuls.*

1245. **Catalogue des Gentilshommes en 1789** et
des familles anoblies ou titrées depuis le premier Empire
jusqu'à nos jours. 1800-1876, par MM. L. de La Roque et
Ed. de Barthélemy. *Paris*, 1866. 2 tomes en 1 fort vol.,
gr. in-8, d.-mar. r., tête dor., éb. *Blasons.*
Collection fort difficile à trouver aussi complète

1246. — Le même catalogue en 2 vol., gr. in-8, d.-ch., br.

1247. Barthélemy (Ed. de). Armorial général des registres
de la noblesse de France. Résumé et notice sur la famille
d'Hozier. *Paris*, 1867, in-8, br.

1248. Magny (*Vicomte de*). Le Nobiliaire universel ou Recueil général des généalogies historiques et véridiques
des Maisons nobles de l'Europe. *Paris*, 1854-1860, 6 vol.,
gr. in-4, d.-ch. v., plats en toile avec emblèmes héraldiques dorés, tr. dor.
Nombreux blasons en chromo ou autres. Très belle publication, complète en 6 vol.

1249. **Rietstap.** Armorial général contenant la description
des armoiries des familles nobles et patriciennes de l'Europe, précédé d'un dictionnaire des termes du blason.
Gouda, 1861, fort vol., gr. in-8, cart.
Ouvrage célèbre, concernant plus de 60.000 familles.

1250. **Etat présent** de la Noblesse française contenant le
dictionnaire de la Noblesse contemporaine et l'**Armorial
général de France,** d'après les manuscrits de d'Hozier.
Paris, 1884, 2 vol., gr. in-8, br. Blasons. (*Publié à 50 fr.*)

1251. Dussieux. Généalogie de la maison de Bourbon de

1256 à 1871. *Paris*, 1872, in-8, d.-ch. r., fil., tr. dor.
Seconde édition.

1252. — Le même ouvrage. *Paris*, 1869, in-8, d.-ch., v. pl.
toile, tr. dor. *Première édit. tirée à 300 ex. numérotés.*

1253. (**Cherin**). Généalogie de la maison de Montesquiou-
Fezenzac, suivie de ses preuves. *Paris*, 1784, in-4, d.-ch.,
belles marges. *Blasons gravés.*
> Avec un tableau généalogique in-folio.

1254. Extrait de la généalogie de la **Maison de Mailly**.
Suivi de l'Histoire de la branche des Comtes de Mailly,
Marquis d'Haucourt et de celle des Marquis du Quesnoy.
Paris, de Ballard, 1757, 4 part. en 1 vol., in-fol., v. m.,
écorné.
> Très beaux titres, blasons remarquables, tableaux généalo-
> giques armoriés. — Cet ouvrage est du P. Simplicien.

1254 *bis*. Histoire de la **Maison de Mailly**, par l'abbé
Ledru. *Paris, Lechevalier*, 1893, 2 forts vol., gr. in-8,
sur Hollande, br.
> Belle publication ornée de superbes portraits en héliogra-
> vure de Dujardin, vues, armoiries, sceaux, *etc.*

1255. La famille des Grignols-Talleyrand descend-elle des
anciens comtes de Périgord ? Est-elle noble d'origine ?
Réfutation. *Paris*, 1836, in-8, br.
> L'auteur Gaëtan de Raxis de Flassan, était du Comtat-
> Venaissin .

1256. **Lettre macédoinique**.... sur l'origine de Robert
le Fort, entrelardée de bribes drolatiques, généalogiques,
poétiques, diplomatiques... par Le Soussigné, étranger
aux sociétés savantes. *Paris*, 1838. — Pons et La Chatai-
gneraye (*Le prince et marquis de*). Dissertation critique
sur la charte d'Alaon. Chronologie des trois dynasties.....
avec celle de Robert le Fort, comte d'Anjou, 1841. —
Seconde lettre macédoinique.... sur l'origine de la maison
de Lorraine, par le Prince marquis de Pons et La Cha-
taigneraye, 1841. — Document sur les anciens sires de
Pons. Devise de Coucy, par le prince de Ponts-
Asnières, 1845.
> Ens. 3 br. et 1 vol. in-8, br. **très rares**.

1257. **De La Porte**. Histoire généalogique des familles nobles du nom de De La Porte. Avec les maintenues, les preuves de noblesse et les sources. *Poitiers*, 1882, gr. in-8, vergé, teinté, br. *Blasons*.

Ouvrage non mis dans le Commerce.

1258. Tardieu (*Ambr.*). Les Tardieu de Maleyssie. *Clermont-Ferr.*, 1895, gr. in-4 de 48 pag., pap. teinté, d.-maroq. r.

Orné de vues des Hautes-Alpes. blasons et 12 portraits, dont celui de Jeanne d'Arc (*ancêtre des Tardieu*).

1259. Lainé. Généalogie illustrée de la **Maison de Sarcus**; extraite du Xe vol. des Archives généalogiques, commencée en 1830, publiée en 1843, et continuée jusqu'en 1858. *Paris, Chaix,* 1858, beau vol. gr. in-8, d.-mar. v., tr. dor.

Ce vol. renferme 72 belles planches lithogr. de Deroy et de Porrieu (*dont 37 portraits de membres des familles de Sarcus, de Chabannes, de Pisseleu, d'Estrées, de Mac-Mahon, etc...*). Plus 7 pl. contenant 140 armoiries; un grand arbre généalogique, et un plan.

1260. **Sarcus** (*Comte Amédée de*). Sarcus. Notes sur Sarcus. *Paris, Chaix,* 1858, gr. in-8 (sans titre), d.-mar. r., tr. dor.

Ce vol. possède 43 planches lithogr., 2 planches d'armoiries et un plan. (*Les mêmes qu'au n° précédent*).

1261. Noblesse. 32 brochures.

1262. **D'Hozier**. Généalogie et alliances de la maison des sieurs DE LARBOUR, DITS DE COMBAULD. *Paris*, 1629, in-4, deux part. en 1 vol. in-4, d.-bas. *Piqûres de vers en marges de la seconde partie.*

Armoiries très fines gravées à l'eau-forte. — 1re édition plus complète que la seconde.

1263. C** de La T. d'A** (de la Tour d'Auvergne) *élève de rhétorique au séminaire S. Nicolas.* Éloge funèbre de P. A. L. de Bauffremont-Courtenay. *Paris*, 1843, gr. in-8, cart., tr. dor.

Armoiries peintes en frontispice et **lettre autographe du Prince de Bauffremont**.

1264. Simien Despréaux. Histoire de la maison de Chastillon-Chastillon. *Paris,* 1824, in-8, v. olive, fil., tr. dor. *Le blason qui est sur le titre a été enluminé.*

1265. Lebeurier (*Chanoine et archiviste de l'Eure*). Etat des anoblis en Normandie de 1545 à 1661. Avec un supplément de 1398 à 1687. *Evreux,* 1866, in-8 de xxv $+$ 231 pag. d.-ch. r., tr. peigne.

1266. **Merval** (*Stéph. et Louis de*). Catalogue et Armorial des présidents, conseillers, gens du Roi et greffiers du Parlement de Rouen. *Evreux,* 1867, gr. in-4, br., dos brisé. *Vignettes et fleurons à l'eau-forte.*

> Belle publication faite aux frais des Magistrats de la Cour de Rouen.

1267. **Potier de Courcy**. Nobiliaire et Armorial de **Bretagne**. *Nantes,* 1862, 3 tom. en 1 fort vol., gr. in-4, d.-ch. r., tr. peigne.

> Ouvrage exact et consciencieux (*Guigard*).

1268. **Melleville**. Dictionnaire historique, généalogique et géographique du département de l'Aisne. *Laon,* 1857, 2 vol. gr. in-8, br. *Planches d'armoiries des villes et des familles.*

1269. Gouget. Armorial du Poitou et Etat des nobles réservés dans toutes les élections. *Niort,* 1866, gr. in-8, br.

> Excellent ouvrage.

1270. La Noblesse de Saintonge et d'Aunis convoquée pour les Etats généraux de 1789 (par de La Morinerie). *Paris,* 1861, in-8, d.-ch. r.

> *A la suite on a ajouté :* Pièces pour servir à l'histoire de Saintonge et d'Aunis. *Saintes, 1863. 68 pages.*

1271. **Soultrait** (de) Armorial de l'ancien duché de Nivernais et Liste de l'assemblée de l'Ordre de la Noblesse du bailliage de Nivernais aux Etats-Généraux de 1789. *Paris,* 1847, gr. in-8, d.-ch. r. *20 pl. contenant 388 armoiries.*

> Edition épuisée depuis longtemps.

1272. **Beaune et d'Arbaumont**. La Noblesse aux Etats de Bourgogne de 1350 à 1789. *Dijon,* 1864, gr. in-4, d.-maroq. roug., tr. peigne. *Orné de 99 pl. contenant près de 400 grands blasons.*

1273. — Le même, d.-ch. r., tête dor., éb.

1274. Arbaumont (*Jules d'*). Les Anoblis de Bourgogne. Liste des lettres d'anoblissement, de confirmation et de relief de noblesse enregistrées au Parlement et à la Chambre des Comptes de Dijon. *Paris*, 1867, gr. in-8. br.

1275. **Arcelin.** Indicateur héraldique et généalogique du Mâconnais. *Mâcon*, 1865, gr. in-8, d.-maroq. rouge, tête dor., éb.

> **Edition originale rarissime.**

1276. — **Id.** Le même ouvrage (2ᵉ édition). *Paris*, 1866, gr. in-8, d.-ch. r., tête dor.

> Un ex. broché de la même édition, vendu 34 fr. à la vente de Luvigne.

1277. **Franchi-Verney della Valetta** (*Conte*). Armerista delle famiglie nobili e titolate della monarchia di Savoia. *Roma, Torino*, 1874, gr. in-4, cart., non rog.

> Belle édit. papier vergé teinté avec texte encadré de filets rouges et belles armoiries en chromo.

1278, **Assier de Valenches** (d'). Mémorial de Dombes, son histoire, ses princes, son parlement, ses Membres et Armorial de Dombes. *Lyon, L. Perrin*, 1854, beau vol., gr. in-8, cart. non rog. *Carte et blasons.*

> Très rare. Non mis dans le commerce. *Vendu 65 fr. cart. Vente L. Perrin. 48 fr. Yéméniz.*

1279. Guigue. Notice généalogique sur la famille **Cholier de Cibeins**. *Paris*, 1870, br., gr. in-8.

> Opuscule non mis dans le commerce. et tiré sur Hollande.

1280. **Jules Baux.** Nobiliaire du département de l'Ain. Bresse et Dombes, Bugey et Pays de Gex. *Bourg*, 1862-64, 2 vol. gr. in-8, pap. teinté, d.-mar. rouge, tête dor., éb. *Bel exemplaire.*

1281. **De La Tour-Varan.** Etudes historiques sur le Forez. Chronique des châteaux et des abbayes. — Armorial et généalogies des familles. *S. Etienne*, 1854, 3 vol. in-8, d.-bas., non rognés. *Ornés de portraits, vues de châteaux, planches d'armoiries, etc.* (Très rare).

1282. — Le même ouvrage, 3 vol. in-8, d.-ch. rouge, rognés en tête, éb. *Mèmes planches.*

1283. Varax (P. de). Généalogie de la Maison de **Sainte-Colombe**, ses alliances et ses seigneuries. *Lyon,* 1881, pet. in-4, pap. teinté, br. *Planche.*

> Nombreux documents sur le Beaujolais, le Forez, le Lyonnais, le Dauphiné, le Poitou, le Charollais.

1284. Boissieu (M. de). Généalogie de la Maison de Saint-Chamond. *S. Etienne,* 1888, gr. in-8, pap. vergé, teinté, br. *Grand fac-similé.*

1285. **Gras.** Répertoire héraldique ou Armorial général du Forez, suivi de la description des blasons de la Diana. *Lyon,* 1874, gr. in-8, pap. teinté, d.-ch. r., tête dor., éb. *Planches gravées.*

1286. **Le Laboureur. Les Mazures de l'abbaye royale de l'Isle-Barbe–lez-Lyon.** Avec le catalogue de ses abbez tant réguliers que séculiers. — Histoire de tout ce qui s'est passé dans ce monastère. Généalogie et preuves de noblesse de ceux qui ont été reçus dans cette abbaye. *Paris, Couterot,* 1781, 2 vol. in-4, v. f. *(Rel. anc.)*

> Cet ex. possède le Projet de la seconde partie, la Table des Maisons nobles, *et on y a ajouté :* la Liste de quelques moines qui manquait.
>
> Edition rare vendue **415 fr.** Renard; **400 fr.** de Saint-Ferriol; **405 fr.** Pion; **501 fr.** Thomas.

1287. **Supplément aux Mazures** de l'abbaye de l'Isle-Barbe de Le Laboureur. *Lyon, Rivoire,* 1846, gr. in-4, d.-v. gris.

> Renferme le Catalogue des Abbesses de S. Pierre, La liste de quelques moines. Le projet de la seconde partie. Des notes de Cochard. Une notice sur l'Isle-Barbe. *etc.*
>
> Ce supplément tiré à 100 ex. est fort rare. *64 fr. vente J. Renard.*

1288. **Steyert** *(André).* **Armorial général du Lyonnais, Forez et Beaujolais.** *Lyon, A. Brun,* 1860, gr. in-4, percal. verte, non rog. *Orné de 2.080 blasons et de 3.000 notices héraldiques et généalogiques.*

> Tout le monde sait combien cet ouvrage est estimé, rare et recherché. — Vendu 122 fr. vente de Verna. 126 fr. *Pingeon.* mais vaut bien davantage, car il est certain que la réimpression (*suspendue dès la lettre* **A**) ne fera pas baisser cette édition.

1289. — Le même ouvrage. *Lyon, L. Brun*, 1892-1893, gr. in-4, pap. teinté, nombreux blasons. *Livraisons I à VI publiées à 30 fr.*

> Tout ce qui a paru de cette édition importante, qui s'annonçait comme le chef-d'œuvre du Maître, mais..... **la lettre A** n'est pas seulement achevée !

1290. Vital de Valous. Les Origines des familles consulaires de la Ville de Lyon. 1863. — Essai d'un Nobiliaire Lyonnais. — Supplément à l'Essai d'un Nobiliaire Lyonnais. — Le Domaine ordinaire de Lyonnais au XVIᵉ siècle. 1865. *Le tout en un vol.*, gr. in-8, d.-ch. r.

Voyez la note du nᵒ 1087.

1291. Vital de Valous. Notice sur Quincarnon. — Supplément à l'Essai d'un Nobiliaire Lyonnais. — La Chapelle de S. Jacquême. — Généalogie de la famille de Chaponay. — Recherche des usurpateurs des titres de noblesse. — *Ens. 5 br.* en 1 vol., gr. in-8, d.-ch. r.

1292. Pétition Clavet. *S. l. n. d.* (1829), in-8 de 24 pag., dos et c. maroq. vert, fil., tête dor., éb. *Ex-libris Joseph Renard.*

> Curieux pamphlet concernant un **grand nombre de familles nobles du Lyonnais.** On y trouve les noms soi-disant usurpés et les noms véritables de ces familles, puis les professions de leurs ancêtres : *taffetatier, patron de penelles, maçon, aubergiste, valet de chambre, tailleur d'habits.....*
> **M. Steyert,** dans son *Armorial du Lyonnais*, édité en 1860, disait déjà à cette époque que cet opuscule était « **très rare** ».

1293. Chevalier (Dʳ). Armorial historique de Romans et Livre d'or de cette ville, *Lyon*, 1887, in-8, d.-ch. r.

1294. Guy Allard. Nobiliaire de Dauphiné. *Grenoble*, 1671, pet. in-12, titre réemm., parch. *Rare.*

> On a ajouté à cet ex. les 8 pages d'Additions qui manquent souvent; mais elles sont plus rognées que les autres et détachées du vol.

1295. Guy Allard. Dictionnaire historique, généalogique, héraldique... du Dauphiné, publié par H. Gariel. *Grenoble,* 1864, 2 vol. gr. in-8, d.- ch. *Blasons.*

1296. Nadal (*Chanoine*). Essai historique sur les Adhémar et sur Mme de Sévigné ; avec la généalogie des comtes de Grignan, de La Garde, de Lombez, de Sévigné... *Valence*, 1858, in-8, d.-ch. bl. *Fac-similé.*

> On y trouve aussi la **Monographie du château de Grignan**.

1297. Lettre de M. Fabry de Chateaudun sur la Noblesse Avignonaise et Comtadine en **1715**. Réimpression avec suites pour les familles qui y sont nommées. *Avignon*, 1862, pet. in-8, d.-mar. r., tr. peigne. *Tiré à 80 exemplaires.*

> Opuscule très rare, vendu 29 fr. vente de Rozières.

1298. — La même, br., titre taché.

1299. Charvet. La première Maison d'Uzès. Etude historique et généalogique avec le catalogue des évèques d'Uzès. *Alais*, 1870, gr. in-8, br. *Grands tableaux généalogiques.*

1300. **Robert de Briançon**. L'Etat de la Provence, contenant ce qu'il y a de plus remarquable dans la Police, la Justice, l'Eglise et la Noblesse de cette Province, avec les armes de chaque famille. *Paris*, 1693, 3 vol. in-12, bas. Le 3ᵉ est en veau écorné et possède une planche colorée.

> Ouvrage recherché, orné de nombreuses pl. d'armoiries. — L'ex. de la vente Salvaing de Boissieu, relié veau éc., aux armes de Caumartin, vendu **576 fr**.

1301. **Barcillon de Mauvans**. Critique du Nobiliaire de Provence (de Robert de Briançon). In-fol., v. f.

> **Manuscrit inédit** de 608 pages. — « Critique souvent juste et curieuse, mais quelquefois âcre et anti-judaïque. » (*Note du Cat. Rouard.*)

1302. Montgrand (*Comte de*). Armorial de la ville de Marseille. Recueil officiel dressé par les ordres de Louis XIV. *Marseille*, 1864, gr. in-8, d.-maroq. r., tête dor., éb. *Blasons.*

> Tiré à 250 ex. seulement.

1303. Choix de pièces et d'écrits sur la Révolution qui a été tentée en France. *S. l.*, 1788, in-8, non rogné.

> Protestation des officiers du Parlement de **Besançon**. Lettres de la Noblesse de Bordeaux. Lettre de la Noblesse de **Guienne**, *etc*. Recherches sur les Lits de justice. Le *Judicium Francorum*.

1304. Tourtoulon (de). Notes pour servir à un nobiliaire de Montpellier. *Montpellier*, 1856, in-8, d.-ch. v.

1305. **Aubaïs** (Marquis d'). **Pièces fugitives** pour servir à l'histoire de France. *Paris*, 1759, 3 vol. in-4, v. m. La tomaison des vol. est enlevée sur la reliure.
   Preuves et quartiers des chanoines-comtes de Lyon. Jugements sur la noblesse de Languedoc. — Histoir, des guerres du Comté-Venaissin, de Provence, de Languedoc. — Voyage de l'amiral de Joyeuse en Gévaudan. — Guerres civiles du Haut-Vivarais, *etc*.

1306. Bremond. Nobiliaire Toulousain. Inventaire général des titres probants de noblesse et de dignités nobiliaires. *Toulouse*, 1863, 2 vol. gr. in-8, d.-ch. r., tr. peigne. *Blasons*.

1307. — Le même ouvrage, br.

1308. Bremond. Indicateur du Nobiliaire Toulousain ou Etat présent de la noblesse du ressort de la Cour impériale de Toulouse en 1868. In-18, br., rog. *Blasons*.

1309. **De La Roque** (L.). Armorial de la Noblesse de Languedoc. **Généralité de Montpellier.** *Montpellier*, 1860, 2 tomes en 1 vol., gr. in-8, d.-maroq. rouge, tête dor., éb. *Blasons*.
   Ouvrage précieux, estimé, très recherché.

1310. — Id. Le même en 2 vol., gr. in-8, d.-ch. rouge.

1311. **L. de La Roque.** Armorial de la Noblesse de Languedoc. **Généralité de Toulouse.** *Toulouse*, 1863, gr. in-8, d.-ch. r. *Blasons*.
   Tome Ier seul paru et très rare.

1312. Indicateur nobiliaire de France, de Belgique, de Hollande, d'Allemagne, d'Espagne, d'Italie et d'Angleterre d'après les collections manuscrites des bibliothèques de Belgique. *Paris*, 1869, in-8, br.

1313. Borel d'Hauterive. Armorial de Flandre, du Hainaut et du Cambrésis. Recueil officiel dressé par les ordres de Louis XIV. *Paris*, 1856, in-4, d.-ch. r. *Blasons*.

1314. (**Van den Leine.**) Le Théâtre de la Noblesse du Brabant. Erections des terres, seigneuries, noms des personnes et familles titrées, créations des chevaleries et marques d'honneur. Généalogies, alliances, quartiers, épitaphes. *Liège*. 1705, in-4, bas.

> **Curieux ex-libris** gravé de Zach. Conr. ab. Uffenbach *(représentant l'intérieur d'une bibliothèque.)*

1315. Devegiano, *Seigneur de Houvel*. Nobiliaire des Pays-Bas et du Comté de Bourgogne. *Louvain*, 1760, 2 vol., in-12, v. m.

1316. **Collins** (*Arthur*). The peerage of England containing a genealogical and historical account of all the peers of England... *London*, 1756, 5 gros vol., in-8, d.-ch. r., tête peigne, non rognés.

> Nombreuses pl. de jolis blasons gravés hors texte. Nombreuses notes manuscrites à tous les vol.

1317. The Peerage, baronetage and Knightage of Great Britain and Ireland for 1849, by Ch Dod. *London*, gros in-12, cart., *figures*.

1318. Debretts's genealogical peerage of Great Britain and Ireland, revised corrected and continued by H. Collen. *London*, 1844, fort vol., in-8, d.-rel. *Portrait et nombreux blasons*.

1319. Burke. A genealogical and heraldic dictionary of the British empire. *London*, 1859, fort vol., gr. in-8, percal. r., éb. *Nombreux blasons*.

1320. — Le même ouvrage, 1856. *Même état*.

1321. Neves genealogisch-Tchematisches reichsund staats hand buch vor das Jahr, 1761. *Francfurt*, in-8, d.-bas.

1322. **Guigard.** Bibliothèque héraldique de la France. *Paris*, 1861, in-8, dos et c. maroq. r., fil., dos orné, tête dor., éb. (*Chipot*.)

> Bel exemplaire de ce bon livre.

1323. — Le même, in-8, dos et c. ch. r., fil., tête dor., éb.

1324. **Guigard.** Armorial du bibliophile. *Paris*, 1870-1873, 2 tom. en 1 vol., gr. in-8, d.-mar. v., tr. peigne. *Nombreux blasons*.

> Livre indispensable à un bibliophile.